エッジを歩く

手紙による差別論

三浦耕吉郎 著

晃洋書房

はしがき

「差別はいけません」「差別を無くしましょう」という呼びかけや標語は、現代社会に広く行きわたっています。それをみると、差別をしてはいけないという知識や認識は、すでに社会を構成している大多数のメンバーによって共有されているとさえいえそうです。

ところが、現実の巷(ちまた)で起こっている出来事に目を転じてみると、出自や民族や宗教やジェンダーやセクシュアリティや職業や能力や年齢や心身の状態(障害や病)等々を理由にした差別事象には事欠きません。

じっさい、ここ一、二年のあいだに相ついで施行された法律(障害者差別解消推進法、ヘイトスピーチ対策法、部落差別解消推進法)の存在そのものが、こうした差別問題の解決こそ、いままさに差し迫った国民的課題となっていることを告げ報せているといっても過言ではありません。

よく考えてみると、これは不思議なことではないでしょうか。いったいどうして、人は、差別をしてはいけないとわかっていても、差別をしてしまうのでしょうか。

端的にいって、私は、差別事象の解消を、「差別はいけません」「差別を無くしましょう」といった知識や認識の水準で図ろうとする啓発(啓蒙)の方法には、決定的な限界があると考えています。

つまり、「（差別はいけないと）頭でわかっている」からといって、それが必ずしも、私たちがじっさいに社会的な行動をとる場面において、差別をしない（／差別を回避する）という行為選択に結びつくわけではないということです。

これは、なんとも解きがたい社会学的な難問といわざるをえません。本書はこの難問にたいする私なりの挑戦の試みであると、まずは申し上げておきます。

そのために、この本で私が採用した方法。それは、「人は、どのように差別をしているのか？」という問いのもとに、私たちの常日頃の行動をあらためて見直すとともに、被差別部落で調査をおこなっていくことでした。

後者の調査については、最初に簡単にその概要を説明しておきたいと思います。

私が、滋賀県の被差別部落へフィールド調査に入ったのは、一九九二年のこと。これが、私にとってはじめての部落とそこに住む人びととの出会いでした。

それから十六、七年にわたって同県内でなされた「部落生活文化史調査」のなかでも、とりわけ前半の九〇年代にフィールドで体験した数々の出来事こそが、いまの研究者としての私を形作ったといってもけっして過言ではありません。

本書の第1部から第3部までの文章の多くは、その九〇年代に滋賀県における三つの部落で私が遭遇した出来事やうかがったライフヒストリーを中心にまとめたものです。

さて、副題や目次をざっとみていただくとわかるように、その第1部から第3部までは「手紙」という形式が用いられています。なぜ、調査報告にあたるものを、私はあえて「手紙」として書いているのでしょうか。

それは、この文章を、たんに「こんな話を聞きました」「こんなデータが得られました」といった調査内容の報告に終わらせるのではなく、部落の人たちと対話をおこなうなかで、「私という人間が、なにを思い、なにに驚き、なにを感じ、なにを考えたか」ということをきちんと相手の人に伝えられるような文体をあれこれと模索したことに端を発しています。

そして、まずは、語っていただいた当の人へむけて、つぎには、研究者集団を越えたより多くの人たちへむけて書くという多重的な目的にかなう文体として、手紙という形式を選択したのでした。

そのことが、じつは本書の題名でもある「エッジを歩く」という発想の誕生にも大きくかかわっているのです。

たとえば、本書で提起している「（その気もないのに差別させられる、現代社会における）構造的差別」という考え方。これは、思いがけなく「差別者」と名指されてしまった人たち（つまりは差別をする側）の戸惑いや煩悶を理解するために考案した概念でした。

この概念が、先にあげた社会学的難問に一つの解決の道をひらくものであることは、わかっていただけるでしょう。

ところが、差別される側の人たちにとっても、ときに自分の意志に反して差別に加担させられたり、差別する側になったりすることが避けられないこととしてある、という事実が、じつは部落での聞き取りのなかでもたびたび語られていたのでした。

差別という現象にもっとも翻弄されてきたはずの差別される側の人たちもまた、自分がいつ差別する側になるかわからないという戸惑いのなかにおかれているということは、私にとって大きな衝撃でした。

このように、現代社会においては、差別する側もされる側も、どちらも共に、(その意味内容はまったく異なるとしても)「差別者」と名指されるか、名指されないかのギリギリのエッジを歩いている(／歩かざるをえない)のだとしたら!

もしかすると、そこにこそ啓発や啓蒙の言説がとらえそこねていた、差別というものの剥きだしの生(なま)の姿があるのではないか?

このような直観に導かれて、私は、《差別する者であると同時にされる者としての生(せい)のかたち(=生の倫理)》に着眼していくことになるのでした(この点については、詳しくは第3部をお楽しみに!)。

まぁ、そんな小難しい議論はわきにおいて、まずは、15通の手紙を読んでみてください。

これらの文章は、なによりも部落に入って私自身がうけた鮮烈な印象をお伝えすることをめざしています。

そのなかには、もしかすると解放運動や人権啓発の『常識』と、ずれたりちがったりしている部分もあるかもしれません。あえてそのような点にふれたのは、部落の『実像』やそこで暮らす人びとの『ありのままの姿』を伝えるために、どうしても必要と思われたからです。

それから、今後そうした議論の輪がひろがっていくきっかけとなれば、という期待もあったことを最後に申し添えておきます。

では、これから私たちといっしょに豊かなフィールドの世界に足を踏み入れてみましょう。そして、そこに住んでいる数々の魅力的な人たちに出会ってみてください。

三浦　耕吉郎

目　次

第1部

フィールドの日常／私の日常

第1の手紙　《部落からのメッセージ》

生活の深みへ

思いすごし

その日は、老夫婦のお宅を訪ねていました。

昼すぎに伺うと、お二人はいつものように、私たちを茶の間に通してくださいました。

私は、ご夫婦の屈託のない様子にふれて、ホッと胸をなでおろしたのを今でもよく覚えています。というのは、じつは一カ月前にも私たちは別の用件でお邪魔しており、そのさい私は、ご夫婦のまえでちょっとした失敗をしでかしていたのでした。

その晩は、予定の時刻がとうにすぎたというのに、いつになく話が盛りあがっていました。そして、思いがけず奥さんの手料理が食卓にならべられ、私たちはそれに舌鼓をうちながら、ご主人と夜がふけるまで杯をくみかわすことになったのです。心づくしの料理の持て成しに、ときのたつのも忘れる楽しいひとときでした。

私自身も、いい気持ちになって、すすめられるままに杯をかさねていました。ところが、あとになって、その夜の自分の行状を知らされて、びっくりです。

その場にいた仲間の証言によりますと、いよいよ宴もたけなわになったころ、私は、いつのまにかご主人とさしむかいになって、まるで友だちにするようにご主人の肩をポンポンとたたきながら、しきりに相づちをうっていたというのです。

そんな失礼な態度をとったことにかんする私のためらいは、一カ月後にであったご夫婦のなごやかな表情を一目みるなり解消しました。

ところが、ご夫婦のほうは、あの晩の持て成しについて、もっと深い懸念を、あの日からずっとかかえていられたようなのです。

そのことがわかったのは、夕方になって、そろそろおいとましようとしているときでした。ご夫婦の会話のなかで、奥さんが、ふとこんなことをもらされたのです。

「ほんで、こないだのように、自分らが好むで晩の焼肉やとかね、すすめて悪かったなとおもうて……」

正直なところ、この言葉を耳にしても、しばらくはなんのことを言われているのか、さっぱりわかりませんでした。

私たちは、あの晩の心のこもった持て成しに感謝の気持ちをいだくことはあっても、迷惑に感じることなどいささかもなかったのですから。

しかし、今からおもえば、ご夫婦のなかでは、あの晩餐は、私たちにたいして礼を失っするふるまいであったという悔いの思いが、心の底のほうにわだかまっていたようなのです。

そうした懸念がお二人のたんなる思いすごしであることは、その場にいた私たちがいちばんよく知っています。

けれども、このご夫婦の気づかい方には、そんな思いすごしの一言でかたづけることのできない、なにかすごく重たいものがあるように思うのです。

このことに気づかされたのは、のちに、このときに録音されたテープを聞きなおしているときのことでした。それについては、もうすこしあとでふれるつもりですが、その前に、私たちの聞き取りがどんなふうにおこなわれているかを、お話ししておいたほうがよいでしょう。

行商の話

その日、私たちが伺った本来の目的というのは、ご主人に若いころの行商の経験を話していただくことでした。

敗戦の混乱がまだおさまらない時期に、田畑や地場産業のないこのむらでは、むら人のほとんどがなんらかのかたちで行商にたずさわっていました。

私たちがよく耳にした「むら中が、行商してたらったわ」というセリフも、あながち誇張ともいえないようです。

それだけに、行商の話となると、語る側の目の輝きがちがってくるし、また、語りのテンポも小気味よくなります。

「統制時分はもうかったねぇ」

そういいながら、ご主人はおもわず目をほそめました。

「大阪に泉大津ってとこありますわな。終戦後のあの時分に、衣料品て、いわゆるセーターとかそういうものをね、仕入れによう行ったしね。ほんで、難波の駅で(警察に)ひっかかって取られて(没収されて)も、またね(じきにいくんです)……」

衣料品はすべて配給制で、衣料キップがないと、ほしい服も手にはいらなかった時代のことです。統制の網をうまくかいくぐって商品を近在の小売店に卸せば、ヤミ値でとても高く売れました。ですから、統制違反で仕入れた品を没収されるくだりになっても、語りのトーンはすこしも落ちません。それどころか、ご主人の話はますます熱がこもってきます。

「もう、昭和の二十二(一九四七)年から、だいたい三十(一九五五)年ちかくまでやったな。とちゅうで、古着屋にかわったけど」

そういって、ご主人は意味ありげにニヤッとわらいました。

「(大阪のつぎに)こんどいったのは岐阜のほう。一宮というところで、綿反、木綿の反物、みなつくってはるんですわ。織ってはるところへいって、それを内緒に買うては、ほんで、体にまきつけてね、もって帰るんですわ。それで、(警察に)ひっかかったら取られてしまうが」

体をよじっては反物をまきつける所作をオーバーにしてみせるご主人のしぐさに、そばで聞いていた私たちも、奥さんも、たまらず笑いだしました。

「そのわりに、古着はどうもなかったんですわ」

ご主人のかおが、とつぜん真顔に変わります。

「で、のちには、表向きは古着屋の商売して、古着のあいだに綿反をはさんでもってかえったもんです、のちには」

と、ここで、してやったりの表情。

「あとはもう、あんな木綿の反物は、とりあいやったもん。百姓さんみな、ほれ、モンペ（婦人の仕事着）つくったりするでしょ。ああいうの、みな欲しいゆうて」

このご主人の例にとどまらず、一般に行商にかんする昔語りには、こんなふうな警察や買い手との知恵くらべ譚のような物語が多いのです。買い手に品物をどうやって高く売りつけたか、どんな商品をあきなって成功したか（山村に鏡台をかついでいって大もうけ、なんていう話もありました）、あるいは販路の開拓の苦労話、さらには、儲かるとわかるとすぐにその商品にくらがえしようとするむら人たちをいかにして出し抜いたかという自慢話、などなど……。

聞いているこちらも、ついつい引き込まれてしまいます。語り手といっしょになって、過去のできごとをじっさいに追体験しているような気分にひたる瞬間が、何度となくありました。これなどまさに、聞き取りの大きな魅力のひとつでしょう。

しかし、私たちが、聞き取りのほんとうの恐さ、面白さを実感させられるのは、むしろ、語り手と聞き手のあいだで、うまく意志の疎通がはかられなかったり、互いの思いのズレがあきらかになったような場合なのです。

したたかさの陰に

行商をめぐる会話のなかで、とくに記憶にのこっている場面があります。

それは、このむらに聞き取りにはいって、まだ間もないときのことです。

私たちは、老人会長をされていたご主人に、むらの歴史や生活の全般にわたってお話を伺っていました。

そのときご主人は、行商という営みにかんして、いつになく自嘲的な発言をされたのでした。

その発言を引き出すきっかけをつくったのが、私たちがなにげなしに発したつぎのような感想です。

「しかしそのわりにはね、なんか皆さんの話を聞いていると、すごくたくましく感じられるんですけどね」

たしかに、さきのような行商の体験談からは、警察の取り締まりの網をかいくぐりながらしたたかに生きるむら人たちの姿が、ありありと浮かんできました。

でも、そんな私たちの受けとめ方に、ご主人は、なにかしらひっかかりを感じられたのでしょう。

すぐに、こうつけ加えたのです。

「ということはね、行商へ出るのは、けっきょくまぁ苦肉の策ちゅうのもなんやけど、最小限度の食べるだけの準備はしなきゃならんということですわ。儲かったときには、ごっつぉう食うとね。儲からなかったときには、ごっつぉう食えないということです。もう我々の歳いったら、どっこも使うてもらえないし、それでも、なにか食べる画策をしなきゃならないちゅうことですわ」

行商というのは、食い詰めたはてに、ギリギリのところでとられた最後の手段だったのだとご主人は言われるのです。

それでも、なおも私たちが、「でも、楽しそうにしゃべらはるから……、なにか、やっぱり、したたかというか、たくましいというか、そんな印象をもつんですけど」と言いつのると、ご主人の語り口調は、「結局、あきらめですわ」とか「もう、悪いときはやけくそみたいなもんですな、実際は」というように、だんだんと苛立ちを濃くしてくるのでした。

このときの、ピンとはりつめたその場の雰囲気を思いおこすたびに私が思うのは、いったい、あのとき、ご主人をあれほどまでに苛立たせていたのはなんだったのか、ということです。

その点については、そのときの会話をふりかえってみて、思いあたることがないわけではありません。

この発言をする直前にご主人が話題にしていたのは、行商世代が現在給付されている年金額の少なさでした。

「ほんでこれ、私たちいっつも老人会で思うんですけどね。我々の年代の老人は、みな勤めた経験のない人が多いでしょ。そやから、年金も少ないね。ところが、（近隣の）他村はぜんぶ年金やらたくさんもろうてるわけですわ。そういう（金のかかる）つきあいをしていかなあかんので、このむらの人はみなえらいいちゅうこと言えるわけですわ」

このような年金格差へのこだわりをもって、過去の行商体験をふりかえれば、その当時、行商に代わる定職がみつけられなかったことへの怨嗟（えんさ）や、そうした状況に自分たちをおいこんだ差別への怒りが、この場面であらためて湧きあがってくるのもわかります。

おそらくご主人は、私たちにたいして、行商の営みを、たんにたくましいとか、したたかというふうにとらえるだけでは、過去のみならず、現在における部落の生活の現実は見えてこないということを、おっしゃりたかったのでしょう。

経験の衝撃

行商の文化を、部落のアイデンティティのありかとして実際以上に美化することへの警告。こういうと、ちょっと言いすぎかもしれません。しかし、ご主人の苛立ちのなかに、むら人の心情をもっと踏みこんで理解してほしいという、調査者である私たちにむけた切実な叫びがあったのは確かだとおもいます。

むら人と私たちとのあいだにある、このような思いのズレ。いったいそれは、どのようにして生みだされてきたのでしょう？

その点について考えられるのは、行商に歩いたことのある人とない人のあいだでの生活経験の相違です。

よそから来た人にはきまって食事をすすめるというこのむらの習慣について、ご主人はこんなことを言われていました。

「よその人が、このむら(＊＊)に入ってきたら、『＊＊いったら、ご飯食べ、ご飯食べて、やかましいんや』ちゅうわねえ。それは、自分らも、行商に歩いてしんどい目ぇして、ああ、おなかすいたなぁというときに、先方でご飯よばれたのがおいしかった、ありがたかったというあれがあるんで、ついつい『食べていきなはれ』てゆうとおもうんですよ。ところが、よその人に言わすと、『＊＊でご飯食べんかて食べるとこあるわいな』ちゅうなことゆうけどやな」

しかも、これはたんなる好意のうけとめかたの違い、というだけではすまされません。かつての差別の記憶が深く影を落としているために、さらに屈託した心情がくわわっているのです。

かたわらで聞いていた奥さんが、「食べんと差別しているように思われるで」とことばをかえすと、ご主人も、「ほんで、『いやいや食べてきた』ちゅう、そういう人があるんです」と話をつづけます。

ごく日常的な場面で生ずる近隣関係のこじれが、こんなささいなところにも顔をのぞかせています。部落でだされた料理には手をつけないなどといった、そう遠くない昔に父母や祖父母の世代によってじっさいにおこなわれていた差別的な慣行。その記憶にとりつかれた(部落外の)人たちが、ついついこうした屈折したふるまい方をしてしまうのも、無理からぬことかもしれません。

けれども、食事をよその人にすすめる習慣が、かつて行商で生計をたてていたこのむらならではのものだということは、私もこのときはじめて知りました。そして、来客に食事をすすめることが、むら人にとっては、のちのちまで尾をひきかねない、きわめて慎重さを要する行為だということも。「ほんで、こないだのように、自分らが好むで、晩の焼肉やとかね、すすめて悪かったなと思うて」と、奥さんが心配された理由も、わかるような気がします。

それにしても、これにつづけて奥さんのもらされた次のような感慨(テープをじっくりききなおして驚いたことに、この言葉は、けっして一般的なケースについて語られたものではなく、直接私たちに向けられていたのでした)は、こちらの胸に、ときがたつにつれて、いっそう深く突き刺さってくるのです。「ほんなのでもね、『食べ、食べちゅうさかい呼ばれたら、ホルモンのことですやろ、あんた。なんかウンコ臭いもの、いややけど食べた』とか、後の言葉をひょっと聞くことがあります」

部落に住むということは、このようなセリフを日々、浴びせられたりしながら(あるいは、浴びせられるのではないかと気に病みながら)生活をおくっていくことでもあったのです。

奥さんのなかにとつぜん頭をもたげてきた、持て成しの相手から投げかえされた捨てゼリフの記憶。しかも、そんな思いだしたくもない記憶がよみがえるきっかけをつくったのは、ほかでもない私たちの訪問だったのです。

先方のなにげない言葉に、こちらの心が激しくうちゆすぶられるこのような経験こそ、聞き取りの恐さであるとともに、醍醐味でもあります。

しかも、そうした経験がもたらす衝撃は、私たちが部落をたびたびおとずれ、人びとの生活の深みに迫ればせまるほど、いっそう大きくなっていくようなのです。

第2の手紙 《私たちにできることは……》

こんなきっかけからでも

あそこが部落?

「ここって、部落があるんですね」

ある日の昼下がり。

私の研究室をたずねてきた学生さんが、唐突にこう切りだしました。

いったい、なにを言いに来たんだろう? こちらも、そのあとの言葉を待つしかありません。

「**県にすんでいたから、まったく知らなくって。こっちにきて、みんなが学校で習っているって聞いて驚きました。道徳の時間には、『いじめをしないようにしましょう』とか『お年寄りには親切にしましょう』とか、そんなことを習っただけだったから……。ただ、『橋のない川』は観てましたた……」

そう言って、学生さんは、数カ月前に引っ越してきてからの体験について語りはじめました。

「こっちへきてから、タクシーで家へかえるときなんか、運転手さんの態度が変なんです。『川のむこうへはいかないほうがいい』とか『気をつけなさい』っていうような話を、いつもするんですよ。あるときなんか、家の前まできて、『ああ、おどろいた』って言われたこともありました。それから、『川のむこうで事故をおこしたら、ひどくこじれる』っていうような話……」

おなじことが二度三度とかさなるので、学生さんにもだんだん事情がのみこめていったようです。

「そんなことがあって、あそこが部落だって知ったんです」

そして、憤（いきどお）ったような表情を浮かべてこうつづけました。

「それがいつもいつものことなんで、ちょっと、こういうのはいけないんじゃないかって思うようになって……。それで、自分なりに部落のことをもっと知りたくなったんです」

好奇心

引っ越しまえに住んでいたところでは、小学校から高校までほとんど同和教育をうける機会がありませんでした。また、近隣にも部落はなかったようです。

そういう状態で、さきのような経験をすれば、「部落って、どんなところだろう？」という興味が湧いてくるのもわかります。

ただし、その興味の方向は、かならずしもはっきり定まったものではなかったようです。学生さんが、私のところへ相談にきたのも、部落にたいする関心のもち方に迷いがあったからだと思います。

運転手さんたちの不可解な態度に接するなかで湧きおこってきた疑問や反発。それが、動機にあったことはたしかです。

しかしその一方で、好奇心にちかい感情が、自分のなかに抑えがたくあるともいうのです。

じっさい、川のむこうには、どんな住宅が建っていて、どういうお店があるかといったことまで、私にむけてこと細かに報告してくれました。

そして、こんなふうに、私に問うのです。

「だからかもしれないけど、部落のことを知りたいし、直接、部落の人に尋ねてみたいと思ってるんです。でも、そんなことをわざわざ尋ねるのも、なにか変に意識してて、差別してるんじゃないかと思うと、なにがなんだかわからなくなっちゃって……」

「尋ねるって、どんなことを?」

と、聞くと、すこし考えてから、

「どんなつらい体験があったかとか、どんなふうに暮らしてこられたかとか……、それから運転手さんの言ったことをどう思うか、とかそんなこと……」

という答えが返ってきました。

「うーん」

と言ったきり、こちらもしばらくのあいだ返答に困ってしまいました。

さて、そのとき私が、どんなふうにアドバイスをしたかをお話するまえに、学生さんの語ったもうひとつのエピソードを、つぎに紹介しておきたいと思います。

公園で

飼っている犬を散歩につれていく場所を探していたときに、大家さんが教えてくれたのが部落のなかにある公園でした。

その公園に足を踏みいれたとたんにおこった変化を、学生さんは、「公園内の空気がとつぜん氷ついたみたい」と表現しました。

遊んでいた親子づれや、ベンチに腰かけていた老人たち、公園にいる人たちのすべての視線が、それこそいっせいに自分ひとりに集中したというのです。

「ほんとうに、『ドキッ』としました」

と、そのときのことを振り返りながら、そんなふうに見られた理由について思いあたることを話してくれました。

「ながいこと差別をうけてきたので、やっぱり、よそ者には自分たちの公園に入ってきてほしくないのかな、と思ったんですけど……」

と言ってから、自分の頭をゆびさして、

「でも、もしかすると、こんな茶髪にしてるから、目だっただけかもしれないんです。そのあと、弟が犬をつれていったときには、公園にいた人に声をかけられて、犬のことでいろいろ話をしたっていうから。よそ者だから見られるっていうのとも違うみたいなんだけど……」

そう言いながらも、

「自分の場合は、二度とも、そんなふうに見られたんです……」

と、いまだに、当惑をかくせない模様です。

私は、このエピソードについて、こんなふうに思います。

子どものころにときたま経験したことですが、ある日、ちょっと足をのばして、いつもいかない公園へいくと、そこのこどもたちの縄張りのようなものがあって、新参者はやたらとじろじろ見つめられたものです。

学生さんのいった公園で、そういう意味での、ジロジロという視線がなかったともいえません。けれども、おそらく学生さんのがわにも意識しすぎのところがあったから、さりげない視線を、じっさい以上につよく感じてしまったのではないでしょうか。

ただ、このようなケースでは、学生さんが意識過剰になったからといって、だれにも責めることはできないと思います。というのも、あんなにたびたび、タクシーのなかで歪んだ情報を聞かされていたのですから。

むしろ私は、この学生さんがそれぞれの場面でとってきた対応の仕方に、好ましいものを感じます。

それはたとえば、運転手さんの話に「オヤッ」と思って、実際の部落はどんなところだろうという関心をいだいたり、弟さんの体験を聞いて、自分がさいしょに直観的にいだいた想像を反省してみる、といったようなところにです。

たしかに、一歩道を踏みあやまれば、たんなる好奇の目で部落をながめたり、やっぱり部落は「こわい」とか「閉鎖的だ」とかいう印象をつよめるだけにおわってしまう可能性だって、なきにしもあらずです。

しかし、考えてみれば、そのような差別的な態度をとるかとらないかの分岐点は、私たちのまわりのいたるところに待ち受けています。いつその地点にたたされるかは、だれにも予想はつきませんし、そのときにどんな対応をとればよいか、あらかじめ教えられているわけでもありません。

その意味で、この学生さんが公園で感じた当惑は、私たち自身にとってもけっして無関係なものではないはずです。

学生さんへ

「部落のことをもっと知りたいし、直接、部落の人にも尋ねてみたい」

こういう気持ちは、これからも大事にしてほしいと思います。

部落にたいして興味をもったり、また、変に意識してしまうことがあったとしても、それ自体は差別にあたるとは思いません。

ですけど、見ずしらずの人、あるいはたったいま出会ったばかりの人に、いきなり被差別の体験をきこうとしたり、差別問題にかんする意見をもとめたりするのは、どうかとおもいます。たとえ、公園のベンチに一緒にすわっていて、話をきりだせそうな場合があってもです。

なぜなら、それはやはり、あまりに失礼なことにおもえるからです。

私におすすめできるのは、つぎの二つのことです。

まずは、これからも公園で、犬の散歩をつづけてみること。そうするなかで、きっと、人びとの視線がだんだん気にならなくなるでしょう。それは、あなた自身の意識過剰だった気持ちが、しだいにときほぐされていくということでもあるはずです。

そして、ちょっとしたきっかけさえあれば、ごく自然に世間話がはじまるかもしれません。たとえその場かぎりの世間話であっても、相手の人がどんな人で、いまどんなことを思っているか、なんとなくわかるものです。それが、二度、三度と出会って、親しく言葉をかわすような仲になればなおさらです。

そんなおだやかな関係ができれば、あえて構えた質問をしなくとも、あなたが聞きたいと思っていることが、ふと話題にのぼることもあるかもしれません。そういうときには、誠意をもって、相手の人の言葉をうけとめ、また、自分の思うことを述べていけばよいと思います。

それから、もうひとつのアドバイス。これは、我田引水になってしまいますが、ぜひとも『語りのちから』（反差別国際連帯解放研究所しが編、弘文堂、一九九五年）を読んでみてください。地域はちがいますが、私たちが部落で生活している方々に伺った生の声を、できるだけ忠実に記録したものです。

あなたが関心をもっている暮らしや仕事について、中心的に聞き取りをしていますし、それから、被差別の体験についてもお話をうかがっています……。

こう書いてきて、はたと、思いあたったこと。

そうです。

私たちがこれまでやってきたことと、あなたの今もっている興味とは、そんなに違っていないのです。

私も、小さいときに身のまわりにいる人たちの部落にたいする言動に「オヤッ」とおもうことがたびたびありました。それ以来、長い間、実際の部落を知らずに、部落ってどんなところだろう、という興味をいだきつづけてきたように思います。

そして、すこしばかり部落を実感できるようになった今でも、そうした興味はそのままつづいてきています。

ただ、聞き取りをするようになって自分のなかにおこった変化があるとすれば、それは、部落について考えるとき、すぐにもそこで出会った人たちの顔が浮かんでくるようになったことです。

私たちは、この本を、これまでに出会った人たちの様々な声を呼びおこしながら書きました。

どうか、一つひとつの声に耳をかたむけ、そして、一人ひとりの人たちに、まずは本をとおして会ってみてください。

そして読みながら、あなたにとって、部落がどのようにイメージされたか、部落に生きる人たちがあなたの目にどのように映ったか、教えてください。

そうそう、そのときには、犬の散歩のつづきの話も聞きたいですね。

第3の手紙　《部落からのメッセージ》

穢（けが）れとつきあう

ある神事

湖北（滋賀県北部）の部落を訪ねて、むらの「おこない」という祭事についてお話を伺っていたときのことです。

むら人たちは、祀られている氏神さまのことを、畏敬の念をこめながらこんなふうに語っていました。

「ほんでまた、ここの神さまは、きついきつい」

「この宮さんのあれは、どういうんか知らんが、なかなか難しいですもんねぇ」

氏神さまが「きつい」とか「難しい」というのは、どういうことなのでしょう？

あとで聞いてみてわかったのですが、じつはそれは、このむらの氏神さまはほかとくらべて、ことのほかきびしく穢れを嫌うという意味だったのです。

それでは、氏神さまは、いったいどんなふうに穢れをいやがるのか。こういった話題となると、むら人の語りは尽きるところをしりません。身をのりだすようにして、つぎからつぎへと具体的な証拠をあげつらうむら人の熱のこもった表情をみていると、こちらの胸には「なにかが違っている……」という複雑な思いがこみあげてくるのです。

というのも、いま、目のまえで穢れについて冗舌にしゃべっているむら人たちこそ、そうした穢れという観念のために、長きにわたって理不尽な差別をうけてきたのではなかったでしょうか。穢れという考え方を認めたりせずに、むしろ、それにたいして唾棄したり、正面から憎しみをぶっつけてしかるべきではないのか……。

けれども、そうした私の思いは、あっさりと肩すかしをくわされてしまいました。これは、そうしたむら人の語りの一部です。

「夜中の一時にお鏡(餅)をつきますね。そと、それをお宮さんにまでもってかんならん。お宮さんへいく道中には、各辻々に全部張り番、青年会であろうとあるまいと、一般の人たちも、手伝いの人もみなでてきて、張り番すんですよ。この張り番するとはどういうことかというと、この通る道には四つ足を通してはならんと。だから、犬ですね、それが通らないようにずうっと張り番。ほと、そこへこのお餅もった行列がお宮さんに……。これは、昔もいまもかわらないですね、ぜったい犬にはじゃまさせない……」

この話をきいたとき、私はなにものかに頭をガツンとやられたような気がしました。いや、むしろそれは、ある種の啓示といってもよいかもしれません。

むら人たちは、穢れという現象にきわめて敏感です。とはいえ、穢れという観念自体を否定しようとしているわけではありません。「四ツ」という賤称（せんしょう）にたいするはげしい反発や怨念。そして、「四つ足」を不浄なものとして忌みきらう意識。このふたつが、奇妙なことに（と、そのときには感じたのですが）おたがいを退けあうことなしに共存しているのです。

もしかすると、このような意識のあり方にこそ、部落差別の本質をときあかす鍵がかくされているのではないか？　私の頭にそのとき突然ひらめいたのは、あとから思えばこういう直感だったのです。

肉の穢れ

氏神さまが潔斎（けっさい）をもとめる穢れのなかには、肉による穢れもふくまれていました。

屠場（とじょう）をじっさいにたずね、食肉の生産にたずさわる人びとの姿にもふれてきた私たちとしては、ついつい、肉が穢れているという考え方じたいひどく差別的なものじゃないかといいたくなります。でも、そのように断定するまえに、もうすこしむら人の言葉に耳をかたむけてみたいのです。たとえば、「神水が消えた奇跡」にかんする話。

「宮さんにお水をもらいにきた人が、＊＊の人やっててん。昔、ここの道のつきあたったとこに肉屋があったんや。ほで、お水もらって、自転車のまえに、一升ビンでいれて、ほいで、お肉買うて、肉横おいて、家へかえったんや。ほして、家へついたら、おまえどうしたんやっていったら、水がぜんぜんないんやて。一升ビンの水が、割れてもなんもせんのに、ないんやて。ほんで、その人は蒼うなってね、もういちどもらいにきはったゆう、ほんなこと聞いたことありますけど。まぁ、肉やとかあれと、ぜったいいっしょにおいたらあかんとかねぇ、昔からみなやかましう言いますね」

とくに、「おこない」まつりにおいて、神さまに毎日かかさずにお供えをささげる宮守り役にえらばれたむら人の場合は、一年間のあいだ、肉食を完全に断たなければなりません。そのさいには、お供えや自分たちの食事を煮炊きする炊事場も、ほかの家族の台所とはべつのところにしつらえたそうです。

十年ほどまえに宮守りをつとめたある男性は、みずからの肉断ちの経験についてこのように述べています。

「ほんで、一年間は、肉食ちゅうようなこと、ぜんぜん食べんわねぇ。どこいっても、そんなんせんと。旅行いっても、(食事にちょっとでも肉がはいっているのに気づくと)みんな、一緒にいった者も、ああ、これあかんでぇちて、みなが注意するもんね。自分らも食べたいと思わんし。なんかしらん、宮守りをやってるうちはね、食べたいとかほういうこと、ちっとも思わんし」

宮守りは、他のむら人と食事をともにするさいにも、肉にはけっして箸をつけません。こういう宮守りのふるまいは、宮守り以外の人たちからみれば、自分たちがふだん穢れた肉を口にしているという事実を、おりにふれ映しだしてみせる鏡のようなものであったでしょう。

しかしながら、肉が穢れているからといって、宮守りがおわってからも肉断ちをつづけたという人の話は聞いたことがありません。

この点について私がおもしろいと思うのは、むら人たちが、肉をふくめ自分たちがふだん接する様々な穢れを、当然な(あるいはやむおえない)ものとして、そのまますんなりと受け入れてしまっているところです。

言いかえれば、むら人たちは、日常的に自分のなかの穢れを意識しながらも、それとうまくつきあっていくすべを心得ているようなのです。じつは、そのためのひとつの方策が、「おこない」まつりであったのです。

二つの穢れ観

ところで、肉断ちをいっこうに苦にしなかったその男性が、「いちばん弱った」こととしてあげたのが、「身内に葬式があったりしても、全然行かれへん」ことでした。

それも、自分が参列できないばかりでなく、ほかの葬儀に出席した者は、たとえ息子であろうとも、喪があけるまでは家にあげてはならないことになっているのだそうです。彼は、じっさいに、そういう事態に直面して、親子のあいだにどのような滑稽なやりとりがあったかを、こんなふうに語っています。

「(喪のあけていない)息子がうちへ、まぁ、こういう仕事やっとるんで、名古屋から材料もってくるんですや。ほと、(息子は)ご飯食べてかえりたいんやけど、家んなかに入れんのでよ(笑)。入り口で荷物をばあってほうりこんどいて、ほいで(笑)、また、入り口のそこまで、できた品物をおいといてよ。そうやって、息子もそいで、ご飯食べるかって、食べるて、こしらえたやつ外へだしてよ(笑)、ほいで食べさして、もう、ぜったい家んなか入れんのよ」

親戚や隣近所に不幸があっても顔をださないということは、むかしだったら村八分にされてもしかたないような、重大な掟破りにあたります。しかし、このむらの神さまは、穢れをはらうためには、宮守りにたいして、近隣との交際関係はもとより、親子や夫婦や親族の交わりさえあえて犠牲にするよう求めているのです。

それだけ、穢れというものにたいする畏れが深いということかもしれません。穢れをはらう側には、自分にそれだけの犠牲や苦しみをひきうける覚悟が必要だということにもなります。

さて、以上のようにみてきたむら人の穢れ観は、いわゆる結婚差別や職業差別をおこなう人びとの意識の底にみいだされる穢れ観とくらべて、まったく似て非なるものであるようです。

たとえば、穢れている（と考えられた）人物が自分の家にはいってくるのを徹底的に忌み嫌うこと。これは一見したところ、結婚などで部落差別をおこなう人びとの考え方と同じにみえます。

しかしながら、それぞれの場合について細かくみてみると、ふだんの生活における穢れにたいする対処の仕方がまったく正反対なのです。

結婚差別においては、穢れをはらう（結婚をことわる）ためだからといって、家庭内や親戚間の従来の関係を犠牲にするようなことは、できるだけ避けられます。いやむしろ、そうした従来の親子や親戚の関係を是が非でも守ろうとするがゆえに、結婚差別がひきおこされてしまうといったほうがよいくらいです。

また、そのさいに、ふだんの生活のなかで、自分自身が様々な穢れをひきうけているという認識などまったくありません。反対に、自分のふだんの生活が穢れなどとは無関係である（と信じられている）がために、穢れている（とおもわれる）存在をひきうけるのを徹底的に拒絶するわけです。

このような穢れ観にたいして、むら人の穢れ観のなかにある、穢れが日常生活においていたるところに見いだされるという考え方は、私たちに、差別問題への思いがけない対応策をもたらしてくれているように思われます。

部落のなかの差別

「おこない」まつりでは、深夜、鏡餅をお宮さんにそなえにいく道中に、かならず張り番がたつことになっています。張り番は、すべての辻々にたち、清めの塩をもって、通りを監視します。そんなに厳重に張り番をたてる目的としては、お宮へいく行列の前後を四つ足、すなわち犬や猫がとおらないようにするためである、と述べられていました。

しかしながら、じつは、もうひとつ、張り番がぜったいに通してはならないものがあったのです。それは、女性です。

「おこない」は、「一〇〇パーセント、男のまつり」だといわれています。

じっさい現在でも、夜、お鏡餅をつくときには、カマドの用意をして餅米を蒸すところから、さいごに丸めるところまで、すべて男性だけの手でおこなわれています。

けれども、最近は、昼間の餅つきには、女性が餅の丸め役をしたり、場合によっては、自分からすすんで杵をとって餅つきにくわわることもあるようです。

私たちが聞き取りにはいった年には、前年の「おこない」をめぐって、ちょっとした談論が湧きおこっていました。

「去年の苦情がようけあんのやて。女の人に餅をつかしたいうて」

と、ある人は、苦笑いを浮かべます。

女性がまつりにふかく関与していくことにむら人が抵抗をおぼえるのは、女性を不浄な者とする考え方が、いまでも男性のみならず女性のあいだにも、根強くわけもたれているからです。

「女の人が自分から下がるいうんかな。その場におっても、ほの場でぱっと逃げるっちゅうかな。まぁ、罰あたるとこわいちゅうか、申し訳ないちゅうか。かりに、おりなさいっていっても、いいですよって……」

こういった土地柄ではありますが、その一方で、ひとり者の女性（未亡人）が、宮守りの役につけないのは差別だという声もではじめているようです（宮守りは夫婦でおこなうのがきまりですが、男やもめの場合には役につくことができます）。

いま、むらのなかで、「おこない」まつりにおける女性の地位が、すこしずつ回復されてきているのはたしかです。興味深いのは、近年、「おこない」の様々な局面に女性が関与するようになった、その背景にある変化です。

「最近は、つき手もおらんのでね、女の人も（餅つきに）でなければ」と主張する男性は、「いまは、女性が餅をついてもいいんですか」というこちらの問いかけに、「つき手がおらんで、やむおえんてなかたちですわ」と、男性のつき手が減ったことを第一の理由にあげています。

また、むらの運営や行事のみなおしに積極的にとりくんできた改革派の区長さんも、「古き伝統は伝統であるけれども」といってから、「男の人が、行事を責任もってできひんままやったら、女の人なんかも、行事をいっしょにしてもらわんことには……」と述べています。

女性の地位をなんとかしなくてはと、自覚的にとりくんでいる人ももちろんいます。ですが、むら人の職業形態の変化から、男たちがまつりに出たくともでられなくなっているのも事実のようです。

さらに、女性の穢れについての考え方との関連でいえば、女性の「おこない」への関与の増大は、穢れ意識の克服というのとはどこかちがっていますし、かといって、むら人のなかでそうした意識が自然にうすれていっているとみるのも、実際とはかけはなれた見方のように思えるのです。

穢れ意識のこれから

むら人が、穢れとつきあっている様子をみていますと、そこには独特のスタイルがあるように思われます。

宮守りを経験した男性の語りを、もういちど思いおこしてみてください。葬儀に列席した息子さんとのあいだで家の内と外とでかわされた、材料や品物についてのやりとりの場面です。潔斎ということばのもつ厳粛なひびきのわりには、ユーモアあふれる和やかな親子のふれあいが目に浮かんできます。そこには、息子の穢れをきっかけとして、親子のきずなを再確認しているようなふしさえみうけられます。

穢れという現象にたいして、どのように対応すればよいかというルールをきめるのは、神様ではなくて人間のほうです。おもしろいのは、そのルールをよくみると、かなりの融通性をもって運用されていることです。

たとえば、親子がおなじ屋根のしたにすんでいて、台所をべつにする余裕がないとすれば、親が宮守り役をうけたばあい、子どもの世代も一年間肉食ができなくなる、ということもおこりかねません。

しかし、そんなときには、つぎのようなルールが、だれが言いだしたかも不明なまま、すんなりと受け入れられてしまうのです。

「ほの当時、子どもさんが多い人もおりましたわな。ほんでぇ、息子が肉を一年間食わんのは辛抱もできんし、家では食べられんで。ほいで、ほかいって食べてやな、まあせめて二時間以内はかえってくるなと。かえってくるときには、二時間たってから、口ゆすいで、塩ふって清めて家へはいれよと。これは聞いたことようありますな」

このように、どこまでが穢れと考えられて、どこからが穢れとみなされないかの基準は変化してきており、しかも、穢れとされる基準がしだいにゆるやかになってきているのも事実です。

かつては、宮守りには夫婦の夜のまじわりも禁じられていましたが、そのようなことをいっていては宮守りの持ち手がいなくなるので、いまではそのような主張をする人はみられません。

とはいえ、こうした傾向からすぐに、むら人の穢れ意識がうすれてきたと結論づけてしまうのは、早計に思えます。

「おこない」まつりは、氏神の観念や穢れ意識がなくなってしまっては、なりたちようのない祭祀です。このまつりが伝承されているかぎり、むら人から穢れ意識がなくなるということはまずありえないでしょう。

しかし、現在じっさいに、女性がいままで以上に「おこない」に参加するようになってきています。それにしても、氏神さまのきらう不浄な女性が、まつりに関与しているというのは、考えてみれば不思議なことです。

おそらく、ここでも、女性の穢れについての再解釈がおこなわれているのに違いありません。

「まぁ、昼間の餅つきぐらいならええやろう」

「深夜のお鏡餅の行列を、遠くからみるくらいやったら、ええんでないの」

と、こういう具合です。

これからも、女性が穢れているという意識はのこりながら（そのことを肯定しているのではありません が）、「おこない」への女性の関与はいっそう増していくことになるでしょう。

このむらでお話を聞いていて思ったのは、穢れという観念をなくすことなしに、女性の地位をひきあげることが不可能ではないかもしれないということです。

それと同時に、穢れという感じ方は、私たちが自然や自分の身体を意識する仕方と無関係ではないようにおもえます。

穢れとつきあうという発想が、穢れを否定する思考とはまったく違う生き方をつくりだしているのは、そのためかもしれません。

もちろん、穢れ観が、人を差別する方向へと傾斜していく危険性だけはつねにみきわめておく必要はありますが、穢れ意識がもっている様々な可能性について、むら人たちは多くの示唆をあたえてくれているように思うのです。

第4の手紙　《私たちにできることは……》

こっけいだった私

その気はなかった?

ここでは、すこしのあいだ、部落差別の問題から目を転じて、そのほかの差別問題について考えてみたいと思います。

ある市の健康保険組合が、組合員に配布したエイズ予防冊子の記述にたいして、「女性差別を助長する」という批判が女子職員のあいだであいついでいる、という記事が新聞にのったことがありました(『読売新聞』一九九三年、五月二二日付)。

問題になったのは、一問一答形式で予防知識をまとめたつぎのような部分。

問　「風俗関係の女性に、エイズに感染していないという証明書をみせられ、コンドームはいらないと言われたが?」

答　「相手がなんと言おうと、断固としてコンドームを使うべきです。また、フリーセックスを楽しんでいるような女性なら、同じような危険を秘めています」

みなさんは、これを読んでどう思われたでしょう。

「えっ、こんな文章が、公的機関のつくった冊子に、堂々とのせられているなんて信じられない」と、おもわず笑いそうになった人もいるかもしれません。

「いやいや、こういう心得は、しっかり身につけておいてもらわなくては」と、真顔でこたえる人も、私が思うに、けっこういるはずです。

一職員の質問状にたいして、健保組合がおこなった回答は、「男女差別は毛頭意識していない。あくまで感染防止ということに絞って採用した」というものでした。

この冊子を監修したのは、じつは厚生省のエイズサーベイランス委員をつとめる人物で、その人も、「エイズ感染の拡大は、もはやきれいごとでは済まされない。現実を直視すれば必要な項目だ」という見解を新聞によせています。

質問状で問題とされていたのは、設問が売春を容認する内容であることと、女性のフリーセックスだけを危険視している点です。

「買春もしながらフリーセックスを楽しんでいるような男性」のほうが、もっと危険であるはずなのに、冊子のなかでそのことにまったく言及がありません。

この種の設問が、エイズから男性を守るためにつくられたものであることは、だれの目にもあきらかです。

のちに、健保組合は「不適切な表現だった」という声明をだしていますから、冊子の作り手の側の過失を一応認めたことになっています。

ただ、私は、こういう事のなりゆきに、どこか釈然としないものを感じるのです。

なぜならこのような決着は、結局のところ、「自分にその気はないのに差別をして（させられて）しまう」ような状況に私たちをおいこんでいく、この社会のあり方を不問に付してしまっているからです。

構造的な差別について

冊子の作り手は、あくまでエイズの感染者をへらすことを目的としていたのに、結果として、女性差別にあたる記述をおこなってしまいました。

組合側がだしてきた善後策は、「今後こういうことが起きないよう、職員の女性問題に対する意識を高めていきたい」ということでした。

これは、差別問題が生じたときにとられる、典型的な対処法のひとつです。

「意識を高める」とは、言いかえれば、女性を差別しているととられる表現をつつしむ、ということだろうと思います。もっと本音をいえば、こういう「つまらないうっかりミスをしないようにする」ということでしょう。

じっさい、設問の表現をすこしかえて、たとえば「風俗関係の女性」を「風俗関係の店員」に、「フリーセックスを楽しんでいるような女性」を「フリーセックスを楽しんでいるような相手」とでもしておけば、クレームはつけにくくなったはずです。

こう事前に訂正しておけば、「エイズ予防冊子差別事件」がおこることは防げたかもしれません。でも、ちょっと考えてみてください。それでほんとうに、メデタシ、メデタシなのでしょうか。たとえ、そのような差別表現をやめたからといって、現代の社会で、「風俗関係の店員」の圧倒的多数が女性であり、そこで遊ぶ客の大半が男性であるという事実がなくなるわけではありません。いや、むしろ、表現の書きかえは、そうした事実にたいして人びとの目をそむけさせる結果をうむだけです。

その点で、私がおもうに、この冊子の作り手や監修者たちは、エイズの蔓延の可能性をまえにして、どうしてもこの事実と正面からむかいあわざるをえない立場にあったのです。（もちろん、彼らが、そのことに自覚的で、あえて差別表現をもちいたのかどうかは別の問題ですが。）

このように、社会の現実に目を閉ざさずに、真摯にそれとたちむかおうとすればするほど、結果として差別をひきおこしてしまわざるをえないような事態のことを、私は「構造的な差別」と呼びたいと思います。

〈エイズへの感染の予防を一刻も早くおこなわなければならない　→　そのためには風俗営業をターゲットにする必要がある　→　風俗営業を利用するのは男性が多い　→　男性を啓発するう

えでわかりやすい設問をもうける〉

おそらく、このような思考のながれのなかで、売春の是非にかんする議論や、女性への配慮が、冊子からぬけおちていったのだと思います。

こうした事態は、一見したところ、冊子の作り手や監修者たちの、女性問題にたいする意識の低さが原因のようにみえます。

しかし、じつのところは、彼らの意識をあらためさせるだけではなんの解決にもならないのです。そうした構造的な差別をひきおこすようなこの社会のあり方（たとえば、異性を買うのは、圧倒的に男性であるという事実）こそが問われなければなりません。

その意味で、監修者のコメントにある「もはやきれいごとでは済まされない」とか、「現実を直視すれば」とかいう言い方からは、そうした構造的な差別に、思いがけずまきこまれてしまった当事者としてのアタフタぶりが、まざまざと窺えるように思うのです。

私は、なにも、冊子の製作者を擁護しようとしているわけではありません。

ただ、私が、彼らの困惑をひとごとではないように感じるのは、私自身にも苦い経験があったからなのです。

夫婦別姓と婚外子差別

そろそろ結婚を考えるようになって、いまの妻と将来のことを話し合っていたころのこと。私は女性にたいして理解があるつもりでしたから、仕事はもったほうがいいとか、その場合には家事や育児はとうぜん二人で分担してやっていこうといったことを、妻にしゃべっていました。そのなかには「結婚しても、きみが名字をかえたくないっていうのなら、それでもかまわないよ」というセリフも、たしかにはいっていたのです。おそらく、私は、女性の権利として「夫婦別姓」が主張されていたのを小耳にはさんでいて、それでそのことを口にしたんだろうと思います。そのときには、このセリフがのちにどんなテンヤワンヤをひきおこすことになるか、まったく想像できませんでした。

今日では、「選択的夫婦別姓」という考え方もでてきていますが、依然として、夫婦がおたがいに別の姓(旧姓)を名乗るためには、非常におおきな制約があります。

その制約とは、民法七五〇条の、つぎのような条文のことです。

《夫婦は、婚姻の際に定めるところに従い、夫又は妻の氏を称する》

この「夫婦同姓」の原則がさだめられているために、夫婦が別姓を名乗ろうとすると、つぎの二つの選択肢のうちのどちらかをとらざるをえません。

一つ目は、どちらかの姓で婚姻届をだしておいて、夫婦の一方が通称として旧姓をつかうというやり方。

二つ目は、はじめから婚姻届をださずに結婚生活をいとなむ事実婚という形式。

そしてある日、彼女からこんな提案をうけたのです。

「私は自分の名前が気にいっているから、結婚してもかえるのはいやだわ。だから、あなたが私の名字をなのってくれないかしら？」

これには、驚いてしまいました。いや、それだけでなく、自分のいいかげんさを思い知らされてしまったのです。

私は、妻が旧姓をなのるのに賛成するふうをよそおっていたくせに、そのように決めた場合、婚姻届をだすからには自分のほうの姓をかえなければならないということを、真剣に考えたことがありませんでした。

思いがけない彼女の提案にたいして、私は、「ぼくだって、これまでの姓に愛着があるから」とか「本名がかわると仕事にさしつかえがあるんだ」とかいう理由をならべたてて、なんとか急場をしのいだのでした。

こういうわけで、私たちは結局、事実婚というもう一つの選択肢をとることにきめました。

そうなるとこんどは、婚姻届をださない理由を親や親戚に納得してもらうのが、なかなかやっかいな仕事になってきます。でもそれも、なんとかクリアーして、さいごにぶつかったのが、子どもの籍の問題でした。

　事実婚の状態でうまれた子どもは、その当時の民法では非嫡出子になりました。非嫡出子は、嫡出子とくらべた場合、法定相続分が二分の一となるなどいくつかの不利益をこうむる可能性がでてきます（非嫡出子の法定相続分を嫡出子と平等にする民法改正がなされるのは、ようやく二〇一三年になってからのこと）。

　そんな事態を避けるために、私たちがとった方法。

　それは、子どもがうまれる直前に婚姻届けをだしておいて、生まれたらすぐにペーパー離婚をして事実婚の状態にもどる、というやり方でした。そうすれば、生まれた子は嫡出子となり、私たちはそのまま別姓をつづけることができます。

　夫婦が同じ姓を名のるのはあたりまえと考えている人たちからみれば、なぜ、こんな面倒なことをわざわざするのか理解できないかもしれません。

　そして、私自身、このようにふりかえってみて、その場その場で、ゆきあたりばったりの対応をしてきた自分の姿をこっけいに感じています。

　しかも、それは、ただ、こっけいというだけではなかったのです。

　あるとき、『婚外子差別と闘う会』の存在を知って、アッと自分のなかで思いあたることがありました。

　私たちが、子どもの生まれるまえに婚姻届をだしたのは、さきに述べたように子どもを非嫡出子、つまりは婚外子にしないためでした。

しかし、よく考えてみれば、「自分の子どもだけは婚外子にしたくない」という考え方をすることじたい、婚外子差別に加担することにほかならなかったのです。

もともと婚外子差別をするつもりなど、私にはありませんでした。もっぱら夫婦別姓を実践しているつもりでいたのに、結果として、婚外子差別を犯してしまうような事態にたちいたってしまったのです。

ここで私たちをまきこんでいるのも、やはり構造的な差別といえるのではないでしょうか。

戸籍をよごす？

私たちのこれまでの事実経過をたどれば、つぎのようになります。

〈夫婦がそれぞれ旧姓を名乗ることを望んでいる　↓　現行の民法は「夫婦同姓」を原則としている　↓　婚姻届をだすと別姓をつづけられない　↓　そこで事実婚をえらぶ　↓　生まれた子は非嫡出子になる〉

この連鎖のなかにあっては、民法や戸籍制度が存続するかぎり、夫婦別姓を実行しようとすれば、必然的に婚外子差別の問題にゆきあたることになります。

それでは、こうした構造的な差別の罠がいたるところに仕掛けられているときに、私たちはそれぞれの状況にたいしてどのように対応していけばよいのでしょう？

おそらく、一人ひとりの意識の変革をまっていても、らちがあかないでしょう。

なぜなら、さきほど述べましたように、構造的差別がおこる原因は人びとの意識のなかにではなく、この社会のしくみのなかにあるからです。

夫婦別姓問題についていえば、民法や戸籍といった社会制度が、そのしくみにあたります。

もちろん、それらの社会制度が改革されればよいのですが、それには時間がかかります。

そうすると、だれにでもすぐできる残された手立ては、そのような制度のなかでジタバタあがいてみることではないでしょうか。

事実婚やペーパー離婚をあたふたと状況におうじて試みてきた個人的な経験からいいますと、そうしているあいだに、だんだんと構造的な差別がみえてくるものです。ただし、それには、差別者としての自分をそこにみいだすという逆説があるのですが。

その点は、はじめに例としてあげた、エイズ予防冊子の場合も、同じじゃないかと思います。

売春／買春という社会制度があるなかで、なんとかして感染を予防しようとしてなりふりかまわずつくりあげた設問の作り手たちが、女性差別者としての自分たちをみいださねばならなかった逆説。

しかし、こうした構造的な差別がうみだされている現場では、自分たちが差別者として存在していることを、そんなに卑下することはないのかもしれません。

むしろ、それをバネにして、社会制度に揺さぶりをかけていくことが大事なように思われます。たとえば、結婚とペーパー離婚をくりかえすことによって、戸籍をすすんで汚してみること。あるいは、事実婚によって、既成の婚姻制度からはずれた生き方をしてみること、などなど。エイズ予防冊子でも、売春／買春という制度にたいして、からめてから揺さぶりをかけるような記述もありうるはずです。

ほんの思いつきですが、あの男性用設問とならべて、つぎのような女性用のバージョンを掲載しておくのはどうでしょうか。

問「風俗関係の男性に、エイズに感染していないという証明書をみせられ、コンドームはつけないと言われたが？」

答「相手がなんと言おうと、断固としてコンドームをはめさせるべきです。また、フリーセックスを楽しんでいるような男性なら、同じような危険を秘めています」

〈参考文献〉

佐藤文明著『戸籍がつくる差別』現代書館、一九八四年。
善積京子編『非婚を生きたい――婚外子の差別を問う――』青木書店、一九九二年。

第5の手紙　《部落からのメッセージ》

処世の知恵

親の反対

結婚の相手に親がつよく反対して親子のあいだにひと騒動もちあがることを、ある女性は端的に「修羅場」と表現しました。

「私の友だち、ここに住んでる友だちは、みんなほとんどそういう修羅場をくぐってね、私らの世代でも、もっとしたの世代でも、みんなきてはりますわ。若くてお嫁にきている子でもね、けっきょく結婚式もしてもらえんと、なにもなしで、からだひとつで、急に、あしたからとか、今日からとか、住みはじめたりっていう……」

部落に嫁いでくる女性の多くが、いまでも親の反対を押しきってきている実情をこう語ってから、彼女は、

「通婚率でいうたら、その人らもふくめるから、数字ではあがりますよねぇ。けど、その現状がさっきいうたみたいなんやから……」

と、通婚率の数字だけをみて差別がなくなりつつあるという結論をだそうとする人たちを痛烈に批判しました。

その話を聞きながら私が思いうかべていたのは、いま大学で教えている学生たちのことです。

私は、部落にかんする知識や情報が、家庭内でどんなふうに受けつがれているかに関心があって、よく授業で学生に尋ねるのです。そうすると、親や祖父母から、あきらかに偏見といえるような態度やしぐさで部落について教えられたという経験をもつ学生が、全体の3割ちかくにのぼります。

もちろん、これは正直にこたえた学生についての数字ですし、そもそも私の授業をとっている学生が、いちおう人権問題に興味があってきていることを考えあわせれば、他の学生もふくめると、もっと高率になることが予想されます。

その学生たちに、結婚について問うてみると、親がなんといおうと好きになった人と結婚するという返事がかえってくる場合もかなりあるのですが、なかには今から不安をかかえている学生もすくなくありません。

私が気になるのは、たとえば、こんなふうに書いてくる学生です。

〈前回のレポートにも書いたが、私の母のいとこは被差別部落の人と反対を押し切って結婚したが、子供が産まれてもいまだに実家に帰ってこれないそうだ。だから、私自身も、母に「どんないい人やったとしても、お母さんは反対するよ」と何度も言われてきた。私は、最初は「そんなの差別や、

おかしい」と猛烈に抗議したが、最近は何だか親の言うとおりにしている方が賢明なんじゃないか
　と半ばあきらめるようになってきた〉

　こういう学生さんにこれまで私がしてきたアドバイスは、「親からもっと自立しなさい」とくりかえし言うだけでした。

　でも、それは結局、親を説得できないのなら、親と縁をきって家を出なさいといっているようなものです。じっさい、自分から親と縁をきるなど、そう簡単にできることではありません。

　もっと別の対応策があるのではないか、と考えあぐねていたときに、たまたま耳にはいってきたのが、こんな結婚の体験談でした。

説得はしない

「私の人生、すーっときてるんですよ、ほんとうに。だから、お答えするのに、あんまり適任じゃないかもしれない」

　と申しわけなさそうにいって、その女性は笑いました。

「流れにまかして、まぁ、わかってもらえるときがくるんやないかという感じで。いまの時代は、そういうこと言ったらあかん時代やっていうのわかっているんで、正面きってぶつかりあうっていうのはなかったんで、ま、そこらへんにも上手にのっかって、というか……、うーん」

部落の男性との結婚がどうしてこんなにスムーズにすすんだのか、自分でもよくわからない、と彼女はいいました。

両親の方に理解があったのかというと、そうでもないのです。むしろ彼女は両親や家族のなかにある差別性について、こんなふうに語っています。

「それで、家族とかみんなふくめてね、差別意識っていうのはもちろんのこってます。もう、それ、現存してます。で、みんなそう。べつに、それが特別なことじゃなくって、いままでは、みんなそうやったと思うんですわ。それが普通っていうかね。で、そんなことごちゃごちゃ思うほうがおかしくって、もうあの、部落は部落なんや、だから、私らんとこでいうたら、親でも親戚でも、ほんまはっきり言うしね」

そして、さらに彼女はつづけます。

「たとえば、＊＊町なら＊＊町がエッタやと。そこはもともと別なんやと、自分らとはぜんぜん別。なにもかもいっしょにして考えること自体が、おかしいと、そういう考えをもったなかで私も育ってきたし……。まぁ親も、ふだんのつきあいまではね、踏み込んで言わへんかったけど、結婚だけは別やと。ちいさいときから、地区の人はあかんでって、私なんかも言われつづけて育ってきたんですよ」

なんともはっきりとした差別意識！　でも、そうだとすると、なおさら「人生、すーっときてる」という彼女の言葉が、不思議に感じられます。

いったい、この両親と娘のあいだで、娘が部落の男性と結婚するまでに、どんなやりとりがあったのでしょうか。

彼女は、そこのところを、さりげなくこんなふうに説明しています。

「なんていうのかなぁ、理詰めでね、いままでそういうなかで育ってきた両親を、理詰めで説得しようとも思わへんかったし……。ほんまのこと、もし、話し合って、で、つきつめて考えたとしてもね、私、明確な答えっていうか、明快な回答はえられなかったと思います」

そして、彼女がとった手立ては、「流れにまかす」とか「自然体で……」というふうに表現されるのですが、具体的には、じっくりと両親の様子を見定めるということであったようです。たとえば、こんな話もききました。

「うちの両親は、たとえば彼がうちにきても、別に、もろにいやな顔をするわけでもなかったし……。だから、そのなかで、人柄とかね、そういうものをわかってくれるんやないかっていう、思いはありました」

さて、このような彼女の対応については、これまでの私だったら、正面から親と議論することを避けて、ただなりゆきにまかせているだけではないか、と批判していたかもしれません。

しかし、彼女の話を聞いているうちに、この「理詰めの説得」をしないというところに、むしろ、自分の周囲の差別意識がどんなものかを知りつくした人の、処世の知恵のようなものが感じられてきたのです。

差別意識と折り合う

この結婚の経験談をうかがっていて、私が興味をひかれたのは、彼女のそうした生き方もさることながら、それ以上に彼女のご両親が、なぜかくも簡単にそれまでの考えをひるがえしてしまったのかという点でした。

娘の恋人の人柄にふれていくなかで、しだいに部落にたいする偏見がときほどけていったのでしょうか。

どうも、それとは違うようです。

結婚してからも、両親の部落にたいする態度はそれほどかわっていないと、彼女は言っています。

「親は、いまでも差別意識をもっているんですよ。私がここでの生活をいろいろとしゃべりますね。そうすると、うーん、やっぱり部落の人は、とか言うて(笑)、なんかわけのわからんことを言ってるときもありますけど……」

おそらく彼女が見抜いているように、ご両親は、この結婚に反対しても、その後の娘の幸せに親として責任がとれるわけでもないので、自分たちの気持ちにある程度折り合いをつけて、結婚を認めるほうを選んだのでしょう。

これは、一般的にいえば、「娘かわいさのために、しぶしぶ結婚を許す」というパターンにあたりそうです。

しかし、「しぶしぶ」というと消極的にきこえますが、このご両親のいさぎよい変化は、すごく能動的なものを感じさせます。

それはもちろん、差別意識とたたかってそれを克服したというのとは違います。あえていえば、娘の結婚をみとめる方向で、自分たちのなかの差別意識と折り合いをつけた、ということになると思います。

これまで結婚差別については、〈こんなにひどい差別意識が原因になってひきおこされた〉というような指摘は数多くなされてきました。しかし、〈差別意識とこんなふうに折り合いをつけることによって未然に防ぐことができた〉といったような報告はあまり聞かなかったように思います。けれども、いままでみてきた事例が教えてくれているのは、私たちがたとえ差別意識に深くとらわれている場合でも、差別を引き起こさないように身を処していくのはけっして不可能ではないということでした。

ここで重要になってくるのは、それぞれの人が身につけている処世の仕方がどのようなものかという点です。

そうした処世の仕方は、その人の性格や生い立ちによってずいぶん違ってくるわけですから、逆にいえば、私たちには個々人の創意工夫の余地が意外と広く残されているわけです。

処世に学ぶ

じっさい、これまでみてきた経験談のなかには、いくつもの処世の知恵がちりばめられていたように思います。

たとえば、ご両親のあざやかな処世法について、彼女はこんな例をあげています。

「うちの両親とかも、もう結婚するって決まったら、それまでのようなことはぜんぜん言わなくなって……。こんどは、結婚するのに、私たちの生活がどう成り立っていくかというの考えたときに、まぁ、家で私には何もさしてないし、で、女でもこれからは、やっぱり職業もったほうがいいと。そういうことをすべてクリアーするには、何が必要か？　両親の存在が必要やろう、ね、いっしょに暮らせている。そしたら、両親の存在が必要となったら、どうすると？　同居やろ。同居となったら、もう、家も建ってるし、相手がでる気がないっていってるんやったら、そこにいって住むしかない。したら、あんた、そこにいって同居さしてもらいなさいよ(笑)」

そしてまた、彼女自身のつぎのような割りきり方も、私たちにはたいへん参考になります。

それは、なぜ彼女は「理詰めの説得」を両親にたいして試みようとしなかったのか、という点にも大きくかかわってくるものです。

「だからといって、両親の言うことを聞かないわけじゃないですよ。いろいろ生きてきた両親の言うこと聞いといて、ほぼ大方は、まちがいないことが多いと、賢明な人生をあゆめる、両親が言ってきたことをいろいろ考えるとね。だけど、そうじゃない部分にあてはまる部分も、二割ほどあるんですけど。でも、八割がた、両親の言うことは間違いはないと思ってます、いまでも」

では、八割がた信頼している両親の、のこりの二割の部分、すなわち差別的な意識にかんする部分を、彼女はどのように受けとめていたのでしょうか？

「私、自分がいちばん大事なんですよ、本質的に(笑)。自分が大事ていうことは、ずうっと、自分、いままで育ってきて、いままである自分、すべてが大事なわけであって。そしたらね、だれでも、両親でもそうやけど、両親がいろいろな考えをもつのは、そうならざるをえなかった過程があるわけで、両親の、個人ていうものがある。だから、自分も大事やから、自分も認めてほしいかわりにね、相手も認めようと」

ここには、親子のあいだの、いい意味での緊張関係が感じられます。それは、お互いを認めあうことが、お互いを突き放しあうことと等しいような、緊張をはらんだ関係です。そのような関係をなりたたせているのが、じつは、お互いのなかにある「変わらない部分」にたいする認識だったのです。

「私が正しいと思う部分あるんやけど、そしたら、その人(親)をそこにあてはめようとかね、そうなれっていうのは、ぜったい無理。なんでかいうたら、たとえ相手にそう言われても、私自身がなれないから。だからそんなもの、無理やと思うんです。で、うわべは、変わったり、あわしたりできても、そこの部分、ぜったいに変わらへん部分ていうのはあるやろうな、と思う。それをね、表むきだけでも変わってくれはったらいいからと思うて、一所懸命、一所懸命、しゃべんのもいいんやけど、こうや、こういう歴史があって、こうなんやっていうのもいいんやけど、でも、それは、そんなこと言うたかて、いっしょ違うかなぁと思う」

私たちは、この彼女のことばを、差別意識はぜったいに変わらないからほうっておくしかないのだ、というふうに誤解して受けとってはならないでしょう。

彼女は、「理詰めの説得」とは違ったかたちで、相手の「変わらない部分」にたいする働きかけを、たえずおこなってきていたのです。

それが、これまでみてきたような、そのときどきの状況におうじた処世の知恵にあたるものです。ながい人生のなかでつくられてきた意識がかんたんに変わらないのであれば、その意識の存在を認めたうえで、それとはべつの感性的な部分（たとえば、娘をおもう親の気持ち）に訴えかけていくというやり方。

これは、相当に高等な戦術です。

たしかに両親のなかの差別意識は、一見したところ結婚後も温存されているようにみえます。しかし、実質的には、従来からの差別的な態度に、はっきりとした変化のきざしがうまれてきていることが、さきの彼女の話からもうかがえます。

このような親と子の処世は、もちろん、だれにでもまねのできるものではありません。しかし、それを参考にして、自分の生き方にかんするなんらかの示唆をひきだすことはできるでしょう。

差別意識と正面からたちむかう以外にも、それと対抗するいろいろな手立てがあるという事実。それを知って、目の前がすこしあかるくなったような気がしてくるのは、はたして私だけでしょうか。

もちろん、そういった処世は、個々人が、それぞれの状況におうじて、工夫したり、みつけたりしていくほかありません。

でも、それだけに、私たち一人ひとりにとってみれば、これから差別問題に対処していくうえで、まだまだ未開拓な沃野が前方にひかえているということではないでしょうか。

第2部　ディスコミュニケーションのただなかへ

第1の手紙　《見えない文化のなかへ》

差別ってなんだろう

「差別って、とくに受けたことないねぇ」

被差別部落で聞き取りをはじめて、まだ間もない頃のことです。

「ご自身がこれまでに差別を受けられたっていうようなことは……?」

おずおずと遠慮がちながら、思いきってこう聞いてみたことがありました。それにたいしてかえってきた返事は、まったくこちらの予想を裏切るものでした。

「さぁ、差別って、とくに受けたことないねぇ」

しかも、こういった対応にはそれからも再々出会うこととなり、私はそのたびに頭をかかえこんでしまいました。

はじめのうちは、初対面の私たちにたいして、つらい個人的な体験を話すことを避けているのだとばかり思っていました。

しかし、聞き取りを重ねていくうちに、おなじ「差別される」という表現をしていても、その言葉のもつニュアンスが、話し手と私たちとのあいだで、ずいぶん違いのあることにようやく気づかされたのです。

このニュアンスのちがいは、たんなる言葉のうえのこととして、見すごすわけにはいきません。なぜなら、「差別される」という感覚が、部落に住む人とそのほかの人のあいだで根本的に違っているとすれば、それはとりもなおさず「差別」にたいする両者の認識のズレ、さらには認識の断絶さえ暗示しているように思われるからです。

この手紙では、そうした双方の認識の違いに注意をはらいながら、あらためて差別って、いったいなんなのだろう？　と問うてみたいのです。

ところで、私たちはふつう被差別体験といったとき、どんな内容のものを思いうかべるでしょうか？

おそらく、なんらかの具体的な差別をうけた場合のことを想像する人が多いのではないでしょうか。まとまりかけていた縁談が親や親戚の反対によってこわされるとか、住所を理由にして就職を断られるとか、あるいは、面とむかった相手から言葉やしぐさによって侮辱されたとか……。

私たちの聞き取りにおいても、そうしたケースが話にのぼったのは事実です。

しかし、差別について語られたことの圧倒的な部分は、意外にも、もっと日常的なこまごまとした出来事であり、直接的な被差別体験とは微妙にちがったものでした。

それは、部落に生まれたのを意識しはじめたときのことを、「ぼつぼつ、なんとなく違うなぁ、と思うようになった」といった言い方で表現されていることにも関連しているように思います。

たとえば、こんなエピソードがありました。

小学校でケンカして廊下に立たされる、というどこにでもありそうな経験。でも、ある人の場合は、「どっちかいうと、いつも立たされてんの、うちのむらのもんばっかしでしたわ」といった割りきれない思いとともに、そういう意識が徐々に頭をもたげてきたようです。

また、別の人の話では、お祭りの日に、たまたま自分とおなじ柄の晴れ着をきせてもらっていた近隣の子どもが、目のまえで、「（部落の人と）一緒の服着てるのがかなん（かなわない）、はずかしい、くやしいっちゅって泣きだした」というのです。その子どもの頃の体験のすさまじさもさることながら、私にとってそれ以上に驚きだったのは、そのときのことを振り返りながら、その人が、「差別っていうところまでは、まだ（わからなかった）」と回想していたことです。

それほどまでに、部落に生まれたという意識、いいかえれば自分たちが差別されているという意識は、目にみえたり感じられる個々の出来事とは別のところで、じんわり、それとなくにじりよってくるようなのです。

「さぁ、差別って、とくにうけたことないねぇ」

だから、こうしたことばを額面どおりに受けとるなら、その人の経験のもっとも大切な部分をみおとしてしまうことになるでしょう。「自分としてはとくに差別をうけてこなかったと思う。しかし……」という、そのあとにつづく沈黙の意味を、私たちはもっと掘りさげていく必要があるように思うのです。

はじめての聞き取りの日

その日は私にとって、これから先、どれほど時がたっても、けっして忘れられない日となるにちがいありません。まずは、自分のなかの部落にたいする先入観や予断にいやおうなく直面させられた日として。さらに、目のまえで語られた話の内容が、まさしく差別そのものにかんするものであったにもかかわらず、まったくそれに気づくことのできなかった私自身のにがい思い出の日として……。

それは、被差別部落で、私がはじめて聞き取りをおこなったときのことです。

「部落差別いうのは、あんまり感じてんね、わしは」

「わしらまだ、同和問題ちゅうのに、あんまり苦労してはないな」

その男性は、二時間たらずのあいだに、このようなセリフを三回も四回もくりかえしたのでした。

旧制の尋常小学校を卒業して、まちの紡績工場へ住みこみで働きに出ていらい、祭りや正月に帰省するほかは、二十年あまりをむらのそとで過ごした彼にとって、とりたてて記憶にやきつくような被差別体験はなかったようでした。

たとえば自分の結婚についても、彼はつぎのように語っています。

「人の世話で、『こういう娘がいてるで、あんたもらわんか』、『ほなもらおうか』ゆうて。『ほんなら、あんた任すか』、『任す』、いうて。ほんで見合いもなんもせんで(もらった)、いまの嫁さん」

こんなふうにトントン拍子に話がすすんだので、奥さんは、当初、彼が部落に生まれたということをまったく知らなかったそうです。彼女がそれを知るのは、結婚して五、六年目に、一家をあげてむらに帰ってきてからのことです。

「(帰ってきて)ほれで、はじめてわかった、それまでしらん、『なんやおもうた』て。ほんで、『わからん』いうとった。『何をゆうてるのやろうとおもうてた』ゆうたもん、自分でも。いまは、だいぶ慣れてるでわかってるけどね」

彼によると、そこが部落だとわかったときも、奥さんはとまどいの表情をみせはしたものの、それが夫婦のあいだで問題になるようなことはなかったそうです。そして、妻方の親類とは、それ以降も親しいつきあいがつづいていると、こう述べていました。

「ほんで、いまだにむこうの兄弟、知らんで。ちょいちょいちょいちょいくるけど、くるけど知らんで、こういうのは。ほら、私はこういう所の生まれやさかい、それ承知できてくれるかゆうの、ほういうのはなかったで。しょっちゅうきてくれる、わしらも毎年いくにゃし……」

たしかに、こういう話を聞くと、彼が「ほういうの(部落差別は)あんまり、感じてんね、わしは」というのも、ある程度わかります。

しかも、それはどうも、結婚だけにかぎったことではないようなのです。

私たちが耳にしたかぎり、学校へいっても、軍隊へいっても、また、むらに帰ってはじめたあたらしい仕事でも、彼はとりたてて差別といえるようなものを受けていません。もっとも、「差別っちゅうのは、あんまり受けてないね」といったあとには、かならず「いや、そら、学校時代にも差別されてるかもしれんけど、気づかんだけかもしれん」というふうに、「(差別が)あったかもしれん」とつけくわえるのが彼の口癖なのですが、結局のところ、胸にきざみこまれるほどの痛みの感覚としては残っていないようなのです。

さて、ここで告白しておきたいのは、それを聞きながら私のなかで生じていた、自分にとってもまったく思いがけないこころの動きについてです。

聞き取りをはじめてそろそろ一時間になろうかというころ、私はふと、自分があせりのような感情にとらえられているのに気づいたのです。

たしかに聞き取りがこのような進みゆきになろうとは、私自身、まったく予期していませんでした。正直を言えば、はじめて部落で話をきくにあたって、私は、生なましい被差別体験が、それこそ、これでもか、これでもか、といったようにでてくる、そういう聞き取りの場面をずっと思いえがいていたのでした。

予想がはずれ「こんなはずではなかった」という思いが、あせりをよぶ原因のひとつではあったでしょう。

でも、私がそんなふうに想像したおおもとには、部落の人はだれもがひどい差別を受けてきたに違いないという深い思いこみがあったのです。そしてさらに、いま思いかえしてみてはっきり言えるのは、そのときの私の意識の深層には、じっさいの生なましい被差別体験を聞けなかったことにたいするひそかな失望が、たしかにあったのです。

話し手から差別の話がなかなか聞けないのでイライラする、そして、差別にまつわる話がようやくでてくるとなぜかホッとしてしまう、こういった心理状態には、それからさきも、聞き取りのさいにしばしばおそわれました。そして私はそのたびに、後ろめたさのいりまじった、なんともいいようのない当惑を感じたものです。

ところが、まったく奇妙なことといわざるをえないのですが、一方でそんな心理状態にあったにもかかわらず、私は、その男性が目の前で語ってくれているある種の被差別体験を、まったくそれとして聞いてはいなかったのでした……。

「おかげさんで……」

二人いる娘さんは、どちらもすでによそへ嫁いでいました。

娘さんの話となると、男性は、とりわけなごやかな表情になります。

「うちは、あれや、(先方の)親に見こまれていったんや、二人とも」

いかにも自慢の娘といった話ぶりで、結婚のいきさつをひととおり語ったあとで、現在の心境を、彼はこんなふうに述べていました。

「ほんでまぁ、むらの人が、大事にしたってくれるさかい喜んでるわ。＊＊のもんやさかいいうてまた、いじめられるかなとおもうて、心配してたけど。あんばいしたってくれるもん、喜んでるわ」

それでも、結婚前にはそうとうの不安があったのでしょう。娘さんには、つぎのような心得を言いふくめておいたそうです。

「娘には、恥かくようなことはぜったいすることはならんちゅうことはゆうたるけど。あんなん、部落の人間や思われるの、かなん(かなわない)さかい、それだけは頭にいれとけよちゅうことは、嫁入りにいくまえにゆうたるけど」


その日は、このあたりで話を伺うのをきりあげて、おいとましたのでした。さきに書いたような理由から、私の第一印象としては、もうひとつ手応えの感じられない聞き取りでした。

しかし、いっしょに話を聞いていた同僚のKさんは、聞き取りがおわってからも、男性のもらしたある言葉にひどくひっかかっているようでした。

その言葉というのは、娘の結婚相手にかんして男性が口にしたつぎの台詞のことです。

「うちは、まぁ、おかげさんで、(部落と)違うところへいったけど、二人とも」

私が、この言葉をとりたてて気にとめなかったとすれば、それはそこに、娘を部落外へ嫁がせることのできた、親としての純粋な喜びの気持ちしかよみとれなかったからでしょう。

でも、今ならば私にも、この「おかげさん」という表現には、世間にたいする痛烈な皮肉や批判がこめられていたのがわかります。

嫁いでいく娘にたいして、「あんなん、部落の人間や」と後ろ指をさされるようなことだけはしてくれるなと、あえて言いふくめなければならない状況とは、いったいなんなのでしょうか。

そして、娘さんがみずから決断して嫁いでいくのであれば、その相手が部落の人であろうが、部落の外の人であろうが、ほんらい関係ないはずです。それなのに、相手が部落外の人であったことにたいして、おもわず「おかげさん」ということばが口をついてでてしまうような現状を、私たちはどう受けとめたらよいのでしょう。

残念ながら、話をうかがいながらも、私はこれらのことに思いをいたすことなどまったくなかったのでした。

こうした状況を生きざるをえないこと自体がまさに被差別体験そのものであるにもかかわらず、そのことがまったく見えていなかった私自身を、いま振り返ってみてたいへん恥ずかしく思います。

ディスコミュニケーション（認識のズレ）としての差別

さて、さいごにもうひとつ、その男性がもらした決定的な言葉を、ここに引いておきたいと思います。このことばも、やはり、私がすっかり聞きのがしていたものなのですが……。

妻方の親戚と長年にわたってあたためてきた親交について、彼は、「しょっちゅうきてくれる。わしらも毎年いくんやし」とのべたあとで、じつはさらに一言、つぎのようにつけ加えていたのでした。

「知ってると、いきもせんし、来もせんやろけどね。（ここが部落ということを）知らんさかいに、来んくにゃろとおもうわ」

これもまた、たいへんきびしい現状認識といわざるをえません。

と同時に、私はここで、「差別」ということばでイメージされる経験が、立場によってどれほど異なっているかを、決定的なかたちで思いしらされたのでした。

仲のよい、申し分のない親戚だからこそ、部落だと知れたときの関係の破綻がまざまざと目に浮かんでしまうのでしょう。それにしても、彼のこのようなもの言いが教えてくれるのは、彼らが部落外の人たちと親密な関係をとりむすぼうとするときには、多かれ少なかれ、いつ受けるともしれない差別の影に、つねに怯(おび)えていなければならないということです。

一方、親戚の人たちにしてみたらどうでしょう。

まずは、お互いにいったりきたりしている相手が、こんな煩悶(はんもん)をかかえていようとは思いもよらないことでしょう。そして、彼らにとって部落問題が身近なものになるのは、将来、いつの日か、相手先が部落だとわかったときであって、そのときに、とつぜん、部落差別と向きあわされることになるわけです。

この経験の、非対称さはあまりにもあきらかです。

そして、この経験の違いが、最初に述べた「差別」にたいする認識のズレを生みだしているように思われます。

ところで、私が「差別」にたいする認識のズレというのはこういうことです。

第三者的な立場（さらには差別する立場）にとっては、差別とはそのときどきの一回的な行為でしかありません。

しかし、差別をうける側は、そうした差別に、いついかなるときも、つねにさらされつづけ、身構えていなければならないわけです。

そして私たちは、往々にして前者のような見方をしがちです。そのために、どれだけ多くの切実な被差別体験を、それと気づかずに見すごしてきてしまったかということは、この手紙に書いた私の体験からもわかると思います。

このことは、差別という現象を見ていくうえでは、差別する側（あるいは傍観する側）と差別される側のあいだのディスコミュニケーション（認識のズレ）への着目がきわめて重要だということを示しています。

そして、そのディスコミュニケーションを解明していくためにも、私たちは、部落に住む人たちが、日常的に差別とどのように向きあっているかについて、もっともっとくわしく知っておく必要があるように思うのです。

第2の手紙《仕事場からのレポート》

人と人を結ぶ太鼓

ある太鼓師の口上

私とこは、先祖代々ね、三百年から太鼓職というものをさしていただいてます。まぁ、現在私は、子どもが跡継ぐか、継がんか、それはわかりませんけど、一所懸命に自分の本業をやってるわけでございます。

太鼓職のなかでも、太鼓屋六衛門という屋号でやってましたんです。で、太鼓師となりますとね、昔、姓のある者もおりました。姓とか名字帯刀もらう者は、やっぱり士族以上ですわな。しかし太鼓職にだけね、姓があったちゅうことはね、これどうしたんなぁ、いうようなこと、太鼓のなかを見ましてねぇ、歴史をこう考えてみんのになぁ、やっぱり寺社奉行関係でお宮さんとかで仕事をさしてもらったらな、もうそれだけの恩典があったんか、というようなことを、私はよう考えるわけでございますけれど、はい。

いえいえ、私まぁ、そういう家系はわかりません。もう、太鼓のなかに記録が残ってますから。ああ、こりゃもう十代前やなぁ、十何代あるなぁというようなことをね、もぅそれだけなんです。胴のなかには先祖が自分の名前、書いてますからね……。張り替えするのも三十年にいっぺんか、長いと五十年にいっぺん、なかには百年ぶりにねぇ、帰ってくることもあるんです。

去年でしたか、あそこのお寺の先生、太鼓もってきましたいなぁ。その太鼓は、明治五(一八七二)年にうちが作って、明治一〇(一八七七)年に先生のお寺に買うてもろうてね。それが初めての張り替えていうことで、まだ破けてませんねや。それまた、ちょうどこっちへ見えましたからな、張り替えさしてもろうて、ほいであんた、持ってかえってもらいましたんや。

はぁあぁ、もぅ四代、五代まえのね、じいさんがつくった太鼓がね、出てくるんです、ええ。いま、家にある太鼓は安永八(一七七九)年ですわ。ま、いっぺん見てください。なんと、こんな古い太鼓かて帰ってくるねんなぁ、ということわかりますからね。ほれ、ほれ、これらにはみな、私の家の名が書いてあります。あれは明治三九(一九〇六)年、こちらは宝暦九(一七五九)年ですか。これはと、ちょっと見にくいなぁ、倒しましょうか、安永八(一七七九)年、太鼓屋六衛門と書いてますわな。こういう具合にねぇ、太鼓はみな記録があるんですよ。そぅすると、三百年前や、何年前やということがね、わかるわけです。

太鼓のなかの暗闇——取材ノートから(1)

直径一メートルも二メートルもありそうな太鼓の胴が、仕事場いっぱいにならべられている。そのうちの一つに手をかけて、なかをのぞいてみた。

おおきな樽のような胴の内側は、へりから少しさがるともう黒ぐろとした深い闇がひろがってい て、目をこらしてみても、なかの様子はほとんどわからない。

内側に書きつけられた文字がみたいと、さらに深く首をつっこんだ。すると、湿った木の香りが、何年何十年のあいだにたまった埃の匂いや皮の匂いといっしょになって、穴の底からわいてきた。欅(けやき)の一本木からとられた胴のじっとり鼻にからみつく香りは、まるで太鼓のなかにとじこめられていた時間そのものがたてる匂いのようだ。

じっさい、懐中電灯で照らされた胴内を子細にしらべると、様々な時代にこの太鼓にかかわった太鼓師たちの名前と在所、そして日付とが、それぞれに異なる毛筆の書体によって書きつけられている。

太鼓の内に、こうした情報が隠されていようとは、思ってもみないことだった。

それぞれの時代の空気をとじこめたタイムマシーンのような太鼓たち。

隠れた署名

それにしても、だれの目にもとまらない場所に、自分が仕事をしたという痕跡をひっそりととどめておく太鼓師の心根とは、いったいどのようなものなのでしょう。

そのひかえめな態度に示されているのは、一介の職人にすぎないみずからの分をわきまえた慎みぶかさでしょうか。

しかし、あるとき、こんな言葉を耳にしたのです。

「(いつ、だれが)張り替えたとかね、ええ、みな書いていいます。まぁ、なぁーんにも書いてないちゅう太鼓は、おそらくありませんな。もう、たいがいほとんど書いてますわ、張り替えたらね。ええ、もう、書くとこないほど書いてあるのもあります、えっへっへっ、なかにはね」

むしろ、私たちはそこに、太鼓師たちの、職人としての最大限の自己主張をみるべきかもしれません。

つぎの張り替えの時期がおとずれて、未来の太鼓師たちが皮をめくったときに、「どうだい、おれの仕事ぶりは」と、いどんでみせる、そんな自分の技にたいする自信と矜持(きょうじ)が、彼らの署名にはこめられているようです。

そう思って改めてのぞくと、太鼓のなかの暗闇から、お互い会ったこともなければ顔もしらない太鼓師同士がなげかわすつぶやき声が、ざわざわと、たちのぼってくるようにさえ感じられます。

しかも、ひとつの太鼓は、異なる時代に生きた太鼓師たちを、それぞれの仕事を介して結びつけているだけではなかったのです。

じつは、つぎにみるように、太鼓はさらに製作や張り替えにかんする依頼―請負というかたちで、同時代の異なった地域に住む人と人とのつながりを、あたらしく作りだしてもいたのです。

依頼と請負――取材ノートから(2)

二月末、湖北の村むらの道端には、とけのこった雪がまだ数十センチほどの高さにつまれていた。早朝、私たちが車でむかったのは、伊香郡木之本町にある明徳寺。

その日の午前中に、あたらしく張り替えられた太鼓が、寺の太鼓堂におさめられることになっていた。いまごろは、張り主のMさんも、おさめる予定の太鼓を車につんで、愛知郡愛知川町の自宅から、まっすぐこちらへむかっているはずである。

愛知川町から木之本町までは、琵琶湖の東岸を国道8号線にそって北上して、およそ五十キロメートルほどの道のりになる。

もっとも、この程度の距離なら、今日の私たちの感覚からすれば、なにもとりたてて書き記すようなことではないのだろう。

しかし、一面を雪におおわれた田畑を車窓からながめながら、私の頭のなかでは、その前日、Mさんの仕事場で知らされたいろいろな事実がグルグルとかけめぐっていた。

その事実とは、この太鼓の胴のうちがわに記されていた、歴代の太鼓師たちの在所にかかわるものだった。

たとえば、ある太鼓には、こんな銘が書きしるされていた。

寛政九(一七九七)歳七月吉日　八幡嶋之郷＊＊村太鼓屋儀兵衛
弘化四(一八四七)年三月吉日　同
嘉永六(一八五三)年七月上旬　同
明治三(一八七〇)年十月　＊＊村太鼓屋清吉
大正四(一九一五)年　蒲生郡八幡＊＊村太鼓屋源次郎

どのような経緯があって、この太鼓の張り替えの依頼が、「儀兵衛」や「清吉」や「源次郎」のもとに持ちこまれたかはわからない。

しかし、あい異なる二つの空間、すなわち、太鼓が納められている在所と太鼓師の住まう在所とのあいだで、各々の時代に、ささやかではあれ、なんらかの人的な交流があったことはたしかだろう。そのようにみてくれれば、太鼓が、人と人、地域と地域をむすぶひとつの媒体のようにも感じられてくる。

私が、車のなかで考えていたのは、このようなことだった。

寺では、日曜日だというのに、朝早くから住職や門徒の方々がでて清掃や雪掻きなど、太鼓の搬入の準備にいそがしそうだった。

そのあいまに、私は、門徒の方にある疑問をぶつけてみた。

「どうして、太鼓の張り替えを、愛知川へ依頼されたのですか？」

その人は、ああそのことか、と合点したようにうなずくと、つぎのような説明をしてくれた。

「昨年一月に、彦根で滋賀県教育集会があったんですわ。そこで、小学校で子どもが太鼓について習ってるていうの聞いて、ピーンときたんです。そいで校長先生にたのんで、Mさんを紹介してもらったわけですんや」

それも、たしかにひとつのきっかけだった。

何人もの人の偶然の出会いがあって、はじめて、太鼓の張り替えが実現している。

このように、張り替え職人をもとめて、太鼓は、それぞれの時代において、近隣の在所在所を経巡ってきていたにちがいない。

地域のなかの太鼓師

このように各地に点在していた太鼓屋の特徴をあげれば、むかしも今も、ひとつには小規模であり、二つ目には地域に密着している、ということになろうかと思います。

これについては、地域に密着しているがゆえのシンドさを、私たちはしばしば聞かされてきました。もちろん、そこにはさまざまな差別が影をおとしています。

でも、よく話を聞いてみると、それだけではなく、地域に密着しているがゆえの利点というか、もっとはっきり言えば、そのことによって太鼓師自身が救済される面も、たしかにあったようなのです。

しかし、そのことにふれるまえに、この太鼓師という職業が、現代の日本でどのような位置におかれているかという点について、簡単にみておきたいと思います。

ひとつだけ例をあげてみましょう。

『たいころじい』という、おもしろい名前の雑誌があります。金沢のある出版社から、「太鼓と人間の研究情報誌」というふれこみで、太鼓ファン向けにだされています。和太鼓演奏グループの情報や、太鼓の科学、海外の太鼓の紹介や研究、文学的エッセイなどがのったなかなか美しい本です。

こうした内容からしても、『たいころじい』が太鼓の総合誌をめざしているのはあきらかです。ところが、当時、既刊十六冊のうち、私の手元にある十冊についてみたかぎり、太鼓の製造や作り手にかんする記事は、日本については沖縄のエイサーという祭りの記事ひとつしかありませんでした。

これは、どう考えても、不思議なことだといわざるをえません。

「タブー視」とは？

じつは、私は『たいころじい』のバックナンバーを手にする前に、編集者に向けて質問の手紙を出していたのです。

それにたいして、こんな内容の返事をもらっていました。

「『たいころじい』ではこれまで、あまり皮革関連の記事を載せたことがないが、それは、様々な差別問題に関わるテーマであり、太鼓業界ではむしろタブー視される傾向がつよいからだ」

つまりこの雑誌ではかなり自覚的に、これまで皮革関連、すなわち太鼓づくりの記事を載せてこなかったというわけなのです。

このような編集方針について、みなさんはどう思われるでしょうか。

こういう出版社の姿勢が、差別にかかわる事柄をいっそうタブー視させてしまうのだ、という批判も十分にありうるでしょう。

しかし、私がこの事実をひいてとくに主張したいのは、こういった姿勢自体は現在の日本の平均的な社会意識を代表するものであって、このような出版社の姿勢だけをむげに批判してもなんの解決にもならないということです。

また、太鼓業界、とくに太鼓職人の人たちのあいだに記事にされることを嫌う意識があるとすれば、その理由を私たちははっきりとしったうえで対応していかなければならないでしょう。たんに、それを、「タブー視」ということばでしか表現しえないところにこそ、今日の日本の平均的な社会意識がかかえている問題が露呈しているといえます。

いずれにしても、この問題については、「差別されるからタブー視せざるをえない」とか、「タブー視するから差別がなくならない」といった抽象的な議論をいくらくりかえしてみても、なんの解決にもならないでしょう。けっきょく、そうした机上の議論は、当事者が現実にかかえている個別のなやみを素通りしていってしまっているのですから。

私たちが、聞き取りという方法を重視してきたのは、当事者の人たちの生（なま）の声をきくことがなによりも大切だと考えているからです。そして、さらにいえば、当事者の人たちの声のなかにこそ、現状を打開するためのヒントがかくされているにちがいないと期待するからです。

皮なめしへの思い

じつは私たちも、太鼓にかんする一連の調査をおこなっていく過程で、取材を拒否された経験があります。

取材を拒否したり、さらには、太鼓師という職業自体を厭う気持ちの背後には、とくに皮なめしという作業にたいする複雑な思いがよこたわっているようです。

ある人は、まだ少年だったころのことを思いおこしながら、その当時にいだいた印象をこんなふうに率直にのべています。「やっぱり、皮をめくって持ってきたときには、血でまっかっかですやろ、ねぇ。ほいで裏みたら、脂いっぱいついてますやろ。んー、歳いかんときにおやじのしてる時分に見てたときには、あーあ、こんなんかなわんわ、と思うたな」と。

また、別のある人も、「太鼓屋を継ごうとは、ゆめにも思うてなんだんですわ」と述べてから、そのわけを、「太鼓づくりそのものもね、やっぱしこぅ皮をあつかうとなるとね、差別の意識がピンと頭にきますからね」といい、さらに、「じっさいのとこは、もぅ、だいっきらいやったわけです、自分の本職はね」とつづけました。

ところが、ここのところが興味深いのですが、そんな捨て鉢になりかけていた彼の気持ちを変えさせるきっかけとなったものがありました。

それは、彼に太鼓の張り替えを依頼しにくる近隣のむらの区長とか、寺の世話方や総代といった、彼が「有識者」とよぶ人たちが、おりにふれてかけてくれる太鼓の音の効用にかんするさまざまな言葉です。彼は、それについて、こう言っています。


「こう、お話を聞くとやな、あああ、自分の商売も、悪い商売とちがうなぁと、ね、こらまぁ皮をあつかうとやな、こらもう特殊な商売やということで、忌み嫌われるかしらんけど、仕上げてね、その響きを、いい響きで張りあげて、お寺に吊ったときにはな、ああ、これは善に導く道具を自分はつくったんやなぁ、ちゅうなことでね、誇りをもてると、いうようなことでね、自分は気持ちがだんだんとそういうことになってしもうてなぁ、よし、跡継いでやろう、てな気持ちになってね、ま、それから真剣に取り組むようになったわけですやな」

「屈折した心情」

ここに紹介したいくつかのエピソードは、じつにいろいろなことを私たちに考えさせてくれます。

まず、おさえておくべきなのは、太鼓師の人たちが、皮なめしという仕事を、やはりなにか、ほかの仕事とちがう独特の仕事と受けとめている点でしょう。そして、彼らは、とりわけ若い時分には、この仕事に一生従事するのは耐えがたいことだという屈折した心情を多かれ少なかれ経験しているようです。

ただ、こう書いてみて、ふと気になったのは、それを「屈折」と表現してしまってよいのかという点です。なぜなら、彼らの話をじっくり聞いていると、そうした心情を多感な思春期から青年期にかけてもつことは、むしろ自然で、ノーマルなことにさえ思われるからです。

とすると、ここで、まったくあたらしい問題が目のまえに浮かびあがってくるのがわかります。それはつまり、このように彼らにとって自然で、ノーマルな心情を、「屈折した」と表現してしまうような、こちらの私の側の感覚のなかにある彼らの感性との根本的なズレをこそ問題にするべきではないか、ということです。

じつのところ、聞き取りとは、このように当事者である語り手と私たちとのあいだにある認識のズレにはっきり気づくためにこそおこなうものだ、といってもけっして過言ではありません。

そして、いま、ここであらためて気づかされるのは、現代社会に生きている私たちの多くは、皮なめしの作業を、この目で見たこともなければ、その場の空気をすったこともないという事実です。だからこそ、私たちは、太鼓師の語りにひたすら耳をかたむけるしかないともいえるのです。

しかしながら、さきのエピソードで語られている人びとの世界は、それとはちょっとちがっています。太鼓の張り替えの依頼に訪れた人びとは、まだ自分の進むべき道のさだまっていない若い太鼓師のこころの揺れを知ってかしらずか、彼に深い感銘をあたえる言葉を残しさっています。

これなど、太鼓師が地域に密着していることのよい例だろうと思います。太鼓の張り替えや製作の依頼―請負をつうじて、部落に住む者と部落外に住む者とのあいだにあたらしいコミュニケーションが生まれてきていたようです。しかも重要なのは、太鼓を媒介にすることによって、部落外に住む者たちが太鼓師にたいして励ましをあたえうるような関係が形成されていたことで、この点はとくに注目に値するのではないでしょうか。

第3の手紙 《見えない文化のなかへ》

どうしてうちの在所だけ調べるん？

「それを聞いてから、どうしたいの？」

いまから六年ほどまえの一九九二年のこと。部落問題に取りくもうとしていた高校や大学の教員たちが声をかけあって、被差別部落で「生活文化史調査」をおこなうことになりました。場所の選定については、滋賀県内ならどこでもよいということで、とりあえず、県内でいちばん北の部落からはじめようということになり、私たちは一路、琵琶湖の北端ちかい木之本町へとむかったのでした。

調査地が未定というだけではありません。さらに、調査結果がどのようなものになるかさえ、そのときの私には、はっきりいって見当もつきませんでした。よくもまぁ、そんないいかげんなことで、と笑われるかもしれません。とにもかくにも、そんな、なにもかもが手探りの状態からはじめられたのが、私たちの調査でした。

それでは、いったい私たちは、部落でなにを聞き取ろうとしていたのでしょうか？

ただひとつ、はっきりしていたのは、被差別の経験に限定した聞き取りはおこなわないということでした。そこで、このたびの調査では、むらの生活全般にわたって現在と過去の有り様を聞き取るといった、よくいえば包括的、わるくいえばきわめて大雑把な方針でのぞむことになっていました。

生活全般とひとくちにいうのはたやすいけれど、それにまつわるトピックは、仕事、手伝い、遊び、教育、衣食住、家族といった私的なものから、冠婚葬祭、近所づきあい、相互扶助、解放運動、むら政治といった公的なものにいたるまで、じつに多岐にわたります。そのために、調査をうける側としても、こちらの意図や焦点がどこにあるのかをはかりかねて、戸惑ってしまうことが多々あったようです。

じっさい、木之本町を皮切りに、これまで県内の三つの部落でおこなった聞き取り調査では、まず最初に、調査に協力してもらうよう依頼をおこなうたびに、どこでも、

「それで、あんたら、それを聞いてからどうしたいの？」

という問いかけが、むら人のあいだからなされたものです。

それにたいして私たちも、しどろもどろながらつぎのように答えて、なんとか調査への了解をとりつけたのでした。

「私たちは部落問題が重要だとはわかっていても、個々の部落やそこに住んでいる人たちについては、ほとんど知らないんですよね。その一方で、部落に住む人については『かわいそう』とか『こわい』という偏ったイメージが流布されてしまっている。そんなイメージをこわしていくためにも、部落のじっさいの生活がどんなものだったか、とくに一人ひとりの具体的な生活史をとおして知りたいんで

す。そして、いま、部落でこんな人が、こんな思いをかかえて差別と向きあっているということを、部落外に住む人たちにつたえていければと思ってるんですけど……」

ともかく、こんなふうにして一番目の木之本での聞き取り調査ははじまりました。様々な出会いを重ねるうちに、しだいに地元の人びととの交渉も深まっていき、三年後には報告書もできあがりました。

しかし、報告書ができあがったあとも、私のなかには、まだ、あのはじめの問い掛けにちゃんと答えられていないという悔いの思いがとどこおっていたのです。

「それで、あんたら、それを聞いてからどうしたいの？」

報告書ができたとして、このあとそれがどんな意味をもってくるのだろう。部落差別をなくすることに、どのようにつなげていけるのか？　しかし、いまから思うと、そもそもこうした問いによって問われているものがなんなのか、そのころの私には、まったくといっていいほどわかっていなかったのでした。

調査を断られるとき

その後、数カ所で調査をおこなうあいだに、調査を拒否されたり、拒否はされないものの聞いたり取材したりした内容の公表を禁じられるといったケースに、一度ならずめぐりあうことになりました。

はじめのうちは、なんとか先方のかたくなともおもえる拒否の姿勢を変えてもらえないものかと、いろいろと働きかけを試みました。それでも応じてもらえないときには、それまでの何カ月かの苦労が無駄になったような気がして、はっきりいって落ちこみもしました。そんなおりには、「このたびの調査は失敗だったなぁ」と、ついつい胸のなかでぼやいたものです。

でも、最近になって、そのときのことを思いおこしてみるにつけ、「あれは、ほんとうに失敗だったのだろうか？」と考えなおすようになりました。

そもそも調査の成功とか失敗とかは、たんに結果を報告書のかたちにまとめられるかどうかの問題ではないはずです。じっさい、分厚い報告書にまとめられたわりには、読んでいてちっともおもしろくない調査というのがよくあります。たとえば、事前の計画どおり寸分の狂いもなくすすめられ、あらかじめ呈示されていた仮説が追認されただけといった調査がその一例です。調査者がその過程で、なんの障害にもぶつからず、仮説の修正をせまられる新しい発見もなく、自分自身の調査者としての位置をとわれるような経験もない「安泰な」調査ほどつまらないものはありません。

たとえ、はっきりと目にみえる結果がだせなくとも、なんらかの点で調査者がこころの奥底から揺さぶられるような体験にめぐりあえれば、その調査は充分に成功したといえるはずです。その意味では、社会調査においては、ほんらい結果よりもプロセスのほうが重視されるべきです。ところが現実には、結果のみが評価の対象にされる傾向がつよいのです。

さて、こうしてあらためてこの調査拒否という事例に注目してみると、私たちの調査にとってもきわめて重要な意味をもっていることがわかります。
もちろん、ひとくちに調査拒否といっても、その理由には、社会的なものから個人的なものまで、あるいは運動的なものから生活的なものまで、多様なレベルのものが混在しています。たとえば、よく知られている「寝た子を起こすな」論にしても、運動イデオロギーにもとづくものから、きわめて個人的で生活的な事情によるものまで、まったく異ったかたちで存在しています。私が興味をもつのは、調査拒否の理由としてとくに後者の水準が深くかかわっている、つぎのようなケースなのです。

「なかなかむつかしいことですね。これみな残るわけですか？」

その女性は、聞き取りの記録が、先ざきにわたって人びとの眼にふれることを、ひどく懸念していました。そして、被差別部落だけが私たちの聞き取り調査の対象にされていることに、はっきりと異論をとなえました。
「これが、この＊＊町のどの字(あざ)もでしたらね、それぞれに歴史がありますからね、そういうとこ全部、こうやってお調べになれば、ああ、当然のことかなぁと、わたしらもおもうけども。なくしよう、なくしようとおもいつつ、裏からこういうの残すいうのは、やっぱり何代かあとにも、やっぱこういうこともあったと、知らん子どもが皆この歴史をおぼえますからね。なんで、となりの＊＊

や＊＊を調べんと、部落だけしか調べないのかなぁ。で、私としてはそういうこと反対です」

たしかに、こうした批判にも一理あります。

というのも部落問題を解決しようとする調査であれば、差別をおこなっている周辺のむらむらも調査するべきだという主張は、もっともな面をもっています。なぜなら、部落差別は、被差別部落と周辺の町やむらとの関係性のなかで生ずるものだからです。

「うちの孫でもしりませんよ」

でも、この女性にこんな勢いこんだ姿勢をとらせたのは、以上のような原則論ではなしに、自分の家族のことをおもんばかってのことでした。さらにつづけて、彼女はこう述べていたのです。

「うちの孫でもしりませんよ、都会に暮らしてると。こういう(部落にかんする)ことでも、学校で聞いてきてすずしい顔してしゃべってますもん。しゃべってても、知らん子に、親は知らすことはないからね。ほしてあんた、うちは、このむら、部落いうこと嫁にゆうてませんし、嫁も知りません。息子は知ってても、それをゆう必要もないし、嫁は知りませんから。まして、子ども(孫)知りません、ね。で、こういう、おかしな、アンケートの、こういうのにも残すのおかしいなぁ、と思ってね……」

聞き取りの記録をのこすのは、むらが部落であるとおおやけに告げるにひとしい行為です。調査に協力したばっかりに、これまで知らずにすんでいた嫁や孫たちに、ここが部落だということを知られてしまってはもともこもなくなってしまう……。こんな切実な思いが、聞いているこちらにも、ひしひしと伝わってきました。

これは、運動イデオロギーとしての「寝た子を起こすな」論（部落の存在をしらない者に、わざわざ部落のことを教える必要はないとする、いわば部落差別の自然消滅論にたった考え方）とは、まったく次元を異にしています。それどころか、部落差別の根深さを知りぬいているがゆえの、せっぱつまってなされた渾身の抵抗とさえ感じられました。

そのときの彼女の気持ちを私なりに推測すれば、ただでさえ部落差別に身をさらしているというのに、調査に協力することによって、なぜまた自分たちがさらなる被害者にならなければならないのか、という割りきれない思いがあったのではないかと思います。

じつは彼女のこの直観的な疑いは、私たちの調査がかかえている根本的な矛盾をするどく突いていたのです。

その矛盾とは、私たちが「部落」というカテゴリーをもちいてしか部落差別を研究することができないという、この一点にかかわっています。

もちろん、研究をすることによって、「部落」から被差別のイメージをぬぐいさるのが最終目標にはちがいありません。しかし、そうした状態が到来するまでは、「部落」についてしらべたり公表したりすることが、「部落」に住む人びとにたいして被差別者（「部落民」）というネガティブ・アイデンティティをおしつける側面をときにもってしまうのは、どうにもさけられないことなのでした。

このように考えてきてみて、私は、はじめにあげた「それを聞いてから、どうしたいの？」という問いかけにふくまれていた真意を、はじめて十分に理解できたように思ったのです。

それは、こういうことではなかったでしょうか。

「わしらは、あんたらの調査に応ずるだけで、すでに少なからぬリスクを背負いこんでいるわけやで。それでもあえて調査をしようとする以上は、わしらのリスクに拮抗するだけの成果があるということなんやろうな」

もちろん、これが調査をはじめるまえだったら、たとえ質問の意図がわかっていても、とてもこたえられなかったでしょう。しかし、報告書をだしてしまった今、私たちは、この問いにたいして、正面からこたえる義務があるはずです。

第4の手紙《仕事場からのレポート》

屠場(とじょう)にて

ある出来事

「なにかあったん?」

食肉組合の理事長さんがこられたのは、ちょうど私たちの目のまえで、小さな体育館ほどある解体場の鉄扉が閉じられようとしているときでした。

天井のレールから吊りさげられた牛の枝肉に包丁をいれる作業をしていた男性にたいして、見学していた仲間の一人がうっかりカメラをむけてしまったのです。

「あんたら、なにしに来とるん。そんなん撮るんやったら、出てってくれんか」

そう言ってその人は、そとからなかの作業が見えないように、自分で扉を閉めはじめました。

その怒りようといったら、並大抵のものではありませんでした。とはいえ、その人(あとから、職人組合の組合長で、いわゆる屠夫長(とふちょう)さんであったことを知りました)の毅然とした態度からは、ただ感情的になっているといったふうにも見えなかったのです。

結局、その場は、理事長さんに取り成していただいてことなきをえました。私たちはそのときに、場内では仕事中の写真撮影が禁じられていることを知ったのです。その理由は、作業をしている人たちが、顔があとあとまでのこるのを嫌うから、ということでした。

理事長さんはまた、市条例にある「屠殺（とさつ）」ということばを改めさせるよう何度も市にはたらきかけていることや、これまで「屠夫（とふ）」といい慣わしてきた呼称も「作業員」と言い換えるべきかもしれない、といったことを話されました。

屠場で働いている方々が、自分たちの仕事になげかえされる世間の反応に、これほどまでに神経をとがらせているという事実。

そのことを、私たちは深刻に受けとめなくてはならないでしょう。

しかし、「屠夫」を「作業員」と言い換えたとしても、「屠（ほふ）る」という行為がなくなるわけではありません。そうした言い換えは、その仕事を、いっそう闇のなかにおいやってしまうだけではないでしょうか。

むしろ、いまの私たちに必要なのは、屠るという営みがもっている厳粛な意味あいを、それぞれの日常的な実感のなかにとりもどしていくことであるように思います。

この日の見学が私自身にとって、そのための第一歩をふみだす貴重なきっかけとなったのはたしかです。

牛を割る

（1）牛たち

眼にとびこんできたのは、係留所につながれてた七、八頭の黒牛でした。牛たちは、観念しているのか、声もあげずに所在なさそうに立ちつくしています。糞や小便も、この係留所にいるあいだに全部出させてしまうとのことです。

「だいたい、前の日くらいからきて、係留しとくやろ。ほんというと、一日か二日、絶食するほうがええんやけど。われわれはね、牛がかわいいからな。肉がええとかわるいとかよりも、かわいいんや、やっぱり、人間と一緒でよ。夏なんかいくと、のどがかわいたやろ、水もほしいやろおもうて水をのましてまうけども、あれ、飲まさんほうが肉質にええらしいわ、うーん」

案内しながら、理事長さんは戸惑いがちにこう言われます。

（2）屠畜

おおきな牛がスローモーション・ビデオをみているように、くずれおちていきました。髪を今風に染めた若者と、もうひとりの男性が、二人がかりで牛をおさえつけたようにみえたその直後に、もう、牛はたおれていました。

つかわれたのはピストルですが、わたしたちが思うように銃弾がでるわけではありません。引き金をひくと、銃口から三〜五センチの突起物がとびだし、牛の頭骨に穴をあけるしくみになっています。

牛はその一撃で脳震とうをおこし意識もなくなりますが、まだ死んではいません。つづいて、頭にあいた穴に、直径五ミリほどの籐の柄をふかくさしこんで脳を破壊して、これが致命傷となるそうです。

(3) 排血

牛はこのとき、いわば「脳死」の状態におかれています。血抜きの作業をすみやかにおこなうためには、心臓がうごいていることが必要だからです。係の人が、手早くのどから心臓にかけてナイフをいれ、胴体を吊りさげておいて血をぬきます。この間、わずか十分ほど。

いまは、このように吊ったまま抜くことが多いのですが、それ以前には、腹を踏んで血をだしていた時代がながくつづいたと理事長さんはいわれます。

「われわれ、(値段が)高い牛やとよ、血をもっと完全にだそうとおもうと、籐をしゃくるとね、心臓がドキドキと、まだ生きたままやでな、どっかで神経うごいてるわけやろ、しゃくって、心臓のはらを踏んで、血をじゅんぐりだすと。こういう作業、このごろだんだん、なまぐさいでそういうことせんけどやな」

（4）皮を剥く

血が完全にぬけたら、つぎに頭（かしら）をはずし、体をひっくりかえし腹をうえにしてから皮をはぎます。この皮を剥く作業は、一連の工程でもいちばん技術のいる仕事で、すべて手作業でおこなわれます。いっときは、体全体を吊り上げておこなったこともありますが、剥きにくいということで、現在は半体が床によこたわるように半分吊り下げておこなわれています。

肉に傷をつけず、かといって、皮も破らないように、肉と皮のあいだへナイフをすばやくはしらせていく職人さんの技は、じつに見事なものです。

「ここでも、冬なんか、太鼓革て、とくべつに剥く皮を、ちょっと願いうけるときがある。傷がいったらいかんでな、傷がいかんように上手なもんしか剥かん。だから、よく冬場には、職人さんもいちばん技術のうまいやつが、それ、だれにもさわらさんと、一頭やったんです。屠夫も、解体料がそれでようけいもらえるで、やったんで」

と、説明しながらも、「最近は、（そんな依頼は）聞かんなぁ」と理事長さん。

（5）内臓をだしてから背割り

皮を剥いた牛は、となりの内臓場でたかく吊りあげておいてから、下腹にナイフをいれ、一息に内臓をおろします。おろされた内臓はすべて、ベルトコンベアーにのせられて洗い場へはこばれます。内臓をぬかれた牛の体は、背割りをして、ふたつの枝肉にわけられます。背中を真半分にひいていくこの作業は、電動鋸によって十分たらず。屠殺からここまでの所要時間は、三十〜四十分。

（6）枝肉処理

その後、枝肉はきれいに拭かれて冷蔵室へはこばれ、そこで成熟をまってから、セリにかけられます。一部は枝肉のまま取り引きされますが、のこりは枝肉処理室で抜骨し、筋や脂もとりのぞき、十一から十三の部位に分割後、それぞれの業者にひきとられます。

以上の工程の仕事は、現在、各工程を分担して担当する十一人の職人さんと、内臓を洗う「洗い子」とよばれる女性が五、六人、そして、補助的な業務をする人が数名といった構成でおこなわれているということでした。

屠夫長さんの怒り

このように、屠畜や解体の場面をじっさいに目にしてきてみると、無断で写真にとられることに腹をたてた屠夫長さんのこころの奥にある思いが、すこしは理解できるような気がしてきます。

屠場における作業の現場では、さきにみたような整然とした仕事のながれと、細心かつ迅速に解体をおこなうプロの職人技とが一体となって、非常に緊張感にみちたふんいきをつくりあげています。

そして、屠畜にはじまって、排血、皮剥きなどの多様な工程で採用される方法は、それぞれの時代の技術水準のなかで、もっとも合理的と考えられたものです。そこには、牛をむやみに苦しめないという配慮も、十分になされています。

じっさい私たちは、このたびの見学によって、屠場での仕事がどのようになされているかについて、これまで自分たちが知らないですましていた部分が多くあったことに気づかされました。でもこれは、考えてみれば、おかしなことです。

すき焼きも、焼肉も、ホルモン料理も、屠畜・解体という作業にたずさわる人たちがいるからこそ、私たちは好きなときに口にすることができるのです。

生きている物から生命をうばう職業であるという点から、その仕事に従事する人たちを忌避する意識が、いまでも社会のなかに残っているのは残念なことです。

万が一、動物を殺す行為に罪があるとすれば、直接みずから手をくださずにおいて、殺された動物の肉を好き勝手に消費している私たちのほうが、その何倍、何十倍も罪があることを自覚すべきでしょう。

屠夫長さんのあのときの態度が、そうした世間の偏見にたいする抗議のしるしであったのはたしかだと思います。

ただ、そのような一般的な解釈では、まだまだ、その怒りにふくまれている思いをくみとったことにはならないということを、私たちはすぐにも気づかせられることになったのです。

屠場差別の「構造」

「われわれは、市ぃになな、市営の屠場やで、職人さんら、市の職員として位置づけしたってくれと、こういうけどね。市はなるべくそういうことを、保障やらいろいろあるやろうでなぁ、極力きらうで……」

屠場で解体にあたっている職人さんは、多くが白髪まじりの高齢の方々です。みなさんが今かかえている悩みのひとつは、後継者がなかなか育ってこないということです。その理由として第一にあげられるのが、賃金の低さと不安定さです。

現在、屠畜・解体の作業は、職人組合が、牛一頭、三五〇〇円の工賃で請け負うかたちになっています。収入がこうした歩合制できまってくるために、今日のように処理する頭数が落ちこんでくると、それがすぐさま収入減にむすびつくわけです。

「若いもんが、くらいついてくるぐらい給料をだすようにせねば」という理事長さんは、給与や身分の安定をめざして職人の公務員化を何年にもわたって市に要求しているけれども、なかなか受けいれてもらえないと、なかばボヤキ顔です。

じつは現在、この県では県内の屠場を一カ所に統合する計画がすすめられています。すでに、新しい屠場のこの市への立地が決定されており、いまの屠場は数年のうちに閉鎖されることになっています。

屠場が県営ないし公社経営になれば、職人さんの所属も安定するのではないかとたずねてみましたが、理事長さんの返答は悲観的なものでした。

それ以上に驚かされたのは、あたらしい屠場の市内への立地も、市としてかならずしも積極的に受けいれたものではなかった、というお話をうかがったときです。

これまでに食肉産業を興してきたいきさつから断るわけにもいかず、「泣く泣くここに決まった」という側面があったのも事実のようです。

現代社会において、屠場が「迷惑施設」とみなされていることは、残念ながら否定できません。たしかに、大量の排水や小動物のなきごえ、カラスの飛来などによってひきおこされる周辺の環境問題には、十分な対処が必要でしょう。

しかしながら、他方で、そうした実際的な障害とは直接には関係のないところで、屠場にたいしていだかれる忌避感があります。しかも、そうした負のイメージは、なんらかの仕方で増幅されているようにさえ思われます。

これは以前、べつの屠場で聞いた話ですが、そこでは屠場に隣接する地区にたいして「迷惑料」をおさめているということでした。

「迷惑料?」

こちらも、一瞬耳をうたがいそうになりながら、そのあまりに直接的な表現にあぜんとしたのをおぼえています。

これは、もちろん極端なケースです。しかし、このように屠場にたいする負のイメージを増幅させる「構造」は、いたるところに存在しているように思われます。

その意味では、屠場ではたらく人びとの身分を不安定なままに放置しておくことや、屠場の施設や労働条件の改善をおこたるといったことなども、そうした「構造」のひとつであることにまちがいないでしょう。

「夢よ、もういちど」

「すべての部落産業が、ええとこないようなってきたのが現状やな。自然消滅っていうやつや。食肉ていうやつは、昔の夢やわな。夢よ、もういちど、になってもうた」

理事長さんによると、屠場の経営は、一九六〇年代のなかばまでは利潤をえていましたが、それ以後は慢性的な赤字をかかえるようになりました。

屠畜頭数の低下と、設備投資費の返済ということにくわえて、一頭の牛の解体からえられる収益も、いまではずっとへっています。

以前には、皮はもちろん、血、骨、脂から爪にいたるまで、なにも捨てるところがないくらい充分に利用されていたのが、いまはそれらにただ同然の値しかつかなくなったからです。

「戦後十年か十五年ぐらいまではな、われわれ卸業者がよ、血を年間、何十万円で買い受けていたもんや。排血したら、出る血をうけて、さきにとってたわね。それを炊いて、肥料にして売る。ほんで、爪は爪でなぁ、乳牛やったけど、爪を切って、きれいに圧縮してね、タバコのケースとかボタンとかに使うたな。骨も粉にひいて骨粉にして、肥料に売った。ほで、いまは骨粉売っても、三〇年前とおんなじくらいの値段やもん、な、商品価値が。んで、骨はいまはただやけど、ただて、骨をもってかえってもらうと、反対に金ださんならんし。脂もってかえってもらうと、まぁ、金ださんならん。そういう時代になってもうたね」

食肉業者や屠場関係者にとってここ数十年の変化は、まさに時代の波をもろにかぶるような体験だったようです。

職人さんたちにしても、皮の値下がりが、工賃の低下をまねき、そのため皮を剥く技術の伝承がさらに困難になっていくというジレンマにおちいっているわけです。

おそらく、屠夫長さんの怒りのなかには、これまでみてきたような自分たちのおかれている苦しい状況にたいする、何重にもおりかさなった思いが表現されていたのでしょう。

食事のときに

屠場を見学した日の夕食で、私たちはしゃぶしゃぶをたべたのでした。

「えへっ、ぼくたち今日、牛の解体をみてきたんだったたな。そのあとで、すぐ肉を食うっていうのは、考えてみれば、ちょっとすごいことじゃない？」

と、だれかが食べながら軽口をたたいていたものです。

でも、そんなことを言っている当人が、午前中には牛の腹からとりだされたばかりの湯気をたてている肝臓をみて、「おいしそう」とおもわずつぶやいていたのを私は聞いています。

　ほんのりまだ桃色の肉をほうばる瞬間に、目の前によみがえってきた光景があります。それは、屠場で忙しそうにたちはたらいていた人たちの姿でした。

　枝肉処理室で、二人の職人さんが、もくもくと大きな肉のかたまりと格闘しながら、ていねいに骨や筋、脂をとりさっていく様子。

　それは、まるで肉の彫刻に専念している芸術家をおもわせる打ち込み方でした。

　また、おおきな水槽がいくつもならんだ内臓の洗い場で、ゴム長にゴムのエプロンと手ぶくろといった姿で、水槽のなかでいろいろな部位の内臓を、洗い、かきあつめては、べつの水槽にうつす作業をしている「洗い子」の女性たち。

　厳寒期、それもO157対策で、ふだんの三倍濃度の塩素が投入されているという水に長時間にわたって手をひたしておこなう作業です。

　これまでとおなじように肉をたべるにしても、屠場ではたらく人びとのこんな姿を思い浮かべながら、肉に箸をつけるようになったことが、私にとって、いちばん大きな変化だったのかもしれません。

　動物を屠るという営みがもっている厳粛な意味合いを、私たちの生活実感のなかにとりもどしていくなどと、こむずかしいことをいいましたが、きっかけは、こういうささいなことのうちにあるように思うのです。

第5の手紙　《見えない文化のなかへ》

差別者の憂鬱とともに

差別事件の根

かつて「福祉川柳」事件などとよばれて、いっときマスコミにも大きくとりあげられた出来事があったのをおぼえていませんか。

福祉事務所でケースワーカーの仕事をしている人たちが詠んだ川柳がきっかけとなり、その川柳を掲載した福祉専門誌が、障害者団体等からのはげしい抗議をうけて休刊においこまれた、あの一連の出来事のことです。

当時の新聞各紙をひらいてみると、つぎのような見出しがおどっています。

「福祉機関誌に差別川柳／生活保護者を冷笑」（『読売新聞』一九九三年六月一五日付）

「『ケースの死　笑いとばして　後始末』なんて…／障害者団体が抗議」（『朝日新聞』同日付）

「弱者冷笑する川柳／ケースワーカー専門誌／障害者ら回収要求」（『毎日新聞』同日付）

この事件がショッキングだったのは、なによりも川柳のつくり手が、生活保護の受給者の資格を審査したり、受給者が自立するまで相談にのったり、支援したりすることを仕事としているケースワーカー（正確には、生活保護現業員）の人たちだったからです。

たとえば、こんな川柳を、あなただったらどんなふうに感じるでしょうか。

〈休みあけ　死んだと聞いて　ほくそえむ〉
〈救急車　自分で呼べよ　ばかやろう〉
〈金がない　それがどうした　ここ（福祉事務所）くんな〉
〈いつまでも　入院してね　アル中精神〉

抗議した障害者団体のつぎのようなコメントは、それなりにうなずけるものです。

「良心的な人たちだと信じていたケースワーカーが、実はこんなことを考えていたとはショック。企画した責任者の感覚がわからない」「社会的弱者を守るべき立場の職員が、逆にあざ笑うなんて許せない」

さらに、各紙の論調も、「ケースワーカーが障害者らに対して抱いている不満や嫌悪感を表した作品が目立つ」（毎日新聞）、「生活保護受給者や母子家庭の暮らしを冷笑する作品が半数以上」（読売新聞）、「ほとんどの句が受給者を傷つける内容」（朝日新聞）と、いずれも作者や編集者にたいしてたいへん厳しい見方がなされていました。

こうした報道に接して、おおくの人が「こんな川柳を詠んだり、雑誌に掲載するなんて、けしからん、ゴンゴドウダンだ」と憤りを覚えたにちがいありません。そういう私も、川柳をよんで唖然とさせられた者のひとりですから、その気持ちはよくわかります。

ただ、冷静になって考えてみると、どうもこの事件の根は、報道された現象そのものより、もっと深いところにあるように思われてきたのです。

そうした直感を私にもたらしたもの。それは、これらの川柳がかもしだす一種異様な雰囲気であり、周囲にただよっている切迫感でした。

川柳の力

新聞に掲載されていた川柳のなかには、こんなものもありました。

〈訪問日　ケース元気で　留守がいい〉
〈親身面　本気じゃあたしゃ　身がもたねぇ〉
〈茶はいらぬ　のんだら最後　一時間〉
〈母子家庭　見知らぬ男が　留守番す〉
〈ゆくたびに　おなじはなしに　うなづいて〉

訪問先の茶の間にあがりこんで、受給者の人たちとひざをつきあわせて話しこんでいるケースワーカーの人たちの姿が、ありありと浮かんできませんか。

きっと受給者の側にしてみれば、求就活動にたいする不安や、現在の職種への不満などがたまりにたまってグチや繰り言がとめどもなく口をついてでるのでしょう。聞いているケースワーカーは、チラチラと時計をにらみながらため息をもらしています。その顔にうかんだあせりや苛立ちの表情も、手にとるようにこちらにつたわってきます。

それにしても、彼らはいったい、なにをそんなに苛立っているのでしょうか。

じつは、ケースワーカーの仕事というのは、受給者が自力で生活していけるように助言やはげましをあたえる、といった自立のための支援だけではなかったのです。

その一方で、ケースワーカーには、保護基準を厳正に適用することがもとめられています。そのためにケースワーカーは、生活保護の受給者(あるいは受給希望者)に給付をうける資格がそなわっているかどうかをチェックするために、定期的に預貯金等の資産調査、扶養義務者にたいする扶養能力調査、稼働収入にかんする就労先調査などをおこないます。

そして、一定以上の貯蓄や収入があったり、あるいは扶養できる者のいることがわかったときには、生活保護費の支給をうちきる手続きをおこなわなければなりません。

これは、物理的にも精神的にも、なんともハードな仕事ではないでしょうか。

一方で、受給用件を厳密に審査し(用件をみたさない者への支給をとりやめ)、一方で、受給者を支援し自立へみちびくという、アクロバット的な作業。いいかえれば、ケースワーカーには、受給者の人たちにたいして励ますとともに奪いとり、信じるとともに疑いをいだくといった矛盾にみちた態度が、職務上、要請されているのです。

そうした点で、訪問先での「見知らぬ男」とのはちあわせといった、ほほえましい（あるいは、おめでたい）市井生活の一コマも、受給者のいたくもない腹をさぐらねばならぬあらたな厄介ごととして、ケースワーカーの肩におもたくのしかかってくるのでした……。

たった数句の川柳。

でも、それらが私たちの目の前に浮かびあがらせた光景は、今日の福祉現場が直面している困難な状況を生なましくつたえてくれているように思います。

そしてそれらは、なによりも、ふだんは見ることのできない、ケースワーカーの人たちのこころの奥底にとどこおっている、ねっとりした澱のようなものを、もろてでつかみだして見せつけてくれたのでした……。

差別表現の覚悟

私は、福祉機関誌に載せられたこれらの川柳作品は、ブラックユーモアとよぶことができるように思います。

でも、このようにいうと、すぐにもつぎのような疑問が投げかけられるにちがいありません。

……たとえそうだとしても、差別や偏見を助長するような表現をおこなって、受給者の人たちを冷笑したり傷つけたりすることが許されてよいはずがないだろう？

この問いにたいする私のこたえは、はい、であるとともに、いいえ、でもあります。私も、基本的には差別的な表現はしないにこしたことはないと思います。ただし状況によっては、差別表現をもちいることが許されるようなケースが、たしかにあるように思うのです。

ためしにもう一度、川柳を読んでみてください。

なかには、人の死や病者を冒涜していると批判されても仕方がないものもあります。しかしそれらもふくめて、これらの川柳は、いずれもが読者をつよくゆさぶる力をそなえています。おもわずこちらを苦笑させたり、ふきださせたり、唖然とさせたり、憤慨させたり、その反応の仕方は様々ですが。

しかも、すべての川柳が、私たちにむけて、最終的にはある一事を手をかえ品をかえ訴えかけてきていたことに気づきませんでしたか。どうか、川柳に詠みこまれたケースワーカーたちの声ならぬ声に耳をすませてみてください。

きこえてきませんか？　ケースワーカーたちのあげる悲鳴にもにた叫び声が。

きこえてきませんか？　彼らの発するＳＯＳが。

川柳がくりかえし訴えている事柄。それは、ケースワーカーをとりまいている労働条件のきつさ、きびしさという一事にほかなりません。

私は、この事件の真因は、彼らの労働条件をぬきにしてはかんがえられないと思います。（奇妙なことに、さきの新聞報道では、この点はまったくふれられていないのです。）

そして、私がこの川柳をブラックユーモアとして評価するのは、ケースワーカーたちが、ある種の差別的な感覚をいだかざるをえないような福祉現場のかかえる現実を川柳のかたちで表現することによって、現行の福祉制度にたいする警鐘をうちならしているからです。

私自身は、今回のように、差別表現をおこなってもやむおえないケースというものが存在すると考えます。

そうしたケースとは、（1）あえて差別表現をもちいることが、そうした表現をおこなわせた社会なり制度のかかえる矛盾や問題点をあきらかにすることに役立つ場合であって、さらにいえば、（2）差別表現をすることが、それをうみだした差別―被差別の関係性を根本からかえていくことに貢献すると思われるような場合のことです。

もちろん、たとえそのような場合であっても、つぎのような限定条件にたいして、十分な留保がなされるべきことはいうまでもありません。

すなわち、①差別表現（と、受けとられても仕方がないような表現）をおこなった以上は、差別を受けた（と、感じられた）側からの批判や抗議にたいしては、謙虚に耳をかたむけるべきであり、さらに、②差別表現によって特定、ないし不特定多数の人たちを傷つけたことを、つねに自覚しつづける覚悟をもつことです。それは、「差別者」と非難される憂鬱をあえてひきうけて生きていく覚悟、と言い直してもよいでしょう。

命がけ

……それにしてもあの川柳の差別的な表現はあまりにひどすぎる、許容限度をこえているのではないか、とお思いの方には、ぜひともつぎの本を読んでみられるようにおすすめします。

社会福祉事務所でケースワーカーとして八年、面接員として五年。そんなキャリアをもとに三矢陽子さんがあらわした本の題名は、まさにそのものズバリの『生活保護ケースワーカー奮闘記』（ミネルヴァ書房、一九九六年）。

三矢さんは、本書のなかで、ケースワーカーの職務内容は、生活保護法のもつ制度的矛盾をかかえこんだ「ストレスの多い」「命がけの」仕事だとくりかえし書いています。

それにしても、「命がけ」とはおだやかではありません。

しかし、保護費の給付をうけられなかった暴力団関係者に、逆恨みから「お前ら殺しても（拘留は）八年や！」とおどされたり、あるいは、アルコール依存症で入退院をくりかえす保護者とのあいだで、「入院したいのなら自力で入院先を探せ！」「お前、なめてんのか！　殺したる」とせっぱつまったやりとりがなされたり、といった三矢さんやその同僚たちの体験談を読んでいくうちに、しだいにそれがけっしてオーバーな表現でないことがわかってきました。

さらに、詐欺、恐喝、傷害、器物破損などの容疑で、逮捕・拘留が十数回にのぼったというあるケースのばあい。とても一人のケースワーカーでは対応しきれず、福祉事務所の保護課全体で対応せねばならないほどの「無法」ぶりであったということですが、彼が亡くなったとき、さいごまで彼のことを気づかい奔走していたケースワーカーが、「ホッと安堵した」と思わずもらしたというエピソードなどには、まさに川柳に詠まれた世界をほうふつとさせるものがありました。

そして圧巻は、病におかされた保護課の係長が、死の二カ月前にもらしたということば。ここに、その部分を引用しておきたいと思います。

「またやはりそのころ、私の担当する保護者が、親が思うように老人ホームに入所できないことに業をにやして老人福祉現業員に罵言罵倒をあびせる場面があった。日ごろから反社会的態度が目立つ保護者ではあったが、若い老福担当は人格を著しく傷つけられる言葉を投げつけられても、じっと耐えていた。……その時、係長が小さな、しかし怒りをこめた声でポツリと『なぜ、あんなヤツが生きているんだ。許せん。死ねばいいんだ』といわれた。私は一瞬、耳を疑った。福祉行政に携わる人間にとって、いってはならない言葉であった。それを温厚で辛抱強く『保護者から勉強させていただいているんだ』が口グセの、係長の口から聞こうとは……」（三矢、一九九六、一八七―一八八）

M編集長へ

機関誌に川柳を掲載していらい、短期間のうちに、各地の福祉事務所に千件をこえる抗議がよせられ、編集長ご自身も連日の抗議の電話への対応に、ほとほとつかれきったご様子だったとどこかの新聞に書かれていました。

M編集長、あなたは、マスコミの取材にたいして「川柳という表現方法では適切に真意が伝わらなかった」と反省の弁をかたっていましたね。また、「(川柳を)載せたのは、判断ミスだった」とも。

しかし、私は、川柳を機関誌に掲載することを決めたあなたの判断は、けっしてまちがっていなかったと思います。

生活保護受給者を傷つけたり、差別を助長しかねない表現がなされていることは否定できません。にもかかわらず、私は、差別的な表現をあえて公表していかざるをえない社会的な状況というものがあり、これらの川柳が詠まれた福祉をめぐる今日的状況こそ、まさしくそれにあたると思うのです。

一九八三年にうちだされた生活保護の「適正化」政策による保護費の大幅カットと福祉事務所のケースワーカーの減員とが、福祉の現場にもたらした様々な歪み。そのあおりをもろにこうむったのが、生活保護受給者であり、さらに行政と受給者のあいだで板ばさみになったケースワーカーたちでした。

ある新聞には、ケースワーカーからのこんな便りがのっていました。

「あれを掲載したのはおかしい。でも、川柳のほとんどが、自分も体験したことであり、苦笑したり噴き出してしまった。職場の仲間にも見せたが『わかる、わかる』という反応だった……。福祉の理想と現実の差が大きすぎる。国民も行政も福祉への理解が浅いのではないか」(『毎日新聞』一九九三年七

月七日付）

このように他のケースワーカーのなかにも、川柳にたくされた思いにたいして共感をおぼえた人がすくなからずいたようです。

それだけではありません。そうした部署に配属されれば、私たちもまた、川柳に表現された差別的（とうけとられるような）感覚をいだいてしまったであろうことは、それほど想像にかたくはありません。だとすれば、このたびの事件をひきおこしてしまったあなたがたのかかえる深い憂鬱は、じつは立場がかわれば、私たち自身のものでもあったはずなのです。

もちろん、川柳を目にした受給者や障害者の人たちを傷つけてしまったことにたいする責任が、機関誌にかかわったあなた方にあることはたしかです。

しかしだからといって、たとえ機関誌を休刊にしたところで、責任をとったことになるとはとても思えません。

むしろ、川柳にたいしてよせられた批判を機関誌に掲載するとともに、当事者のみなさんに川柳が詠まれた背景を（自己弁護でもよいですから）執筆してもらい、あらためて、ケースワーカーと生活保護受給者とのあいだでの対話をはじめていくことこそが、いま、編集者にもとめられているように思います。

差別表現がポジティブな意味をもってくるのは、それが現行の福祉制度の見直しにつながったり、ケースワーカーと保護者の関係をつくりかえていくことに寄与しうる場合をおいてはないでしょう。

もちろん、そうした環境をつくりだすためには、差別表現にたいする私たちの態度をかえていかなければならないとも思います。

差別表現を、いけない、許せないと、非難するのは簡単です。

でも、差別をした(してしまった)者の憂鬱を、とことん自分のものとして理解していくこと、そして、そうした憂鬱を共有する立場から、差別によって傷ついた人びととの対話の可能性を模索していくことも、私たちがとるべき選択肢のひとつであるように思うのです。

第3部

エッジを歩く

第1の手紙《考え方を組みなおす》

私の手になれますか？

人のおしりと自分のおしり

はじめから、臭い話ですみません。

「どうして、そんなふうにするん？」

洋式便器のそばにやってきて、じっと私のしぐさを見まもっていた三歳の娘が、こうつぶやいたのです。

「……？」

なにを聞かれているのか、にわかにはわかりませんでした。ふと、手元に目をやると、そのとき私は、折りたたんだトイレットペーパーを、両手でくしゃくしゃと揉みこんでいるところでした。

すぐに気づかなかったのは、そうするのが癖になっていて、自分で意識していなかったからでしょう。まえに痔をわずらっていらい、トイレットペーパーでさえ、よく揉んでつかうのが習慣になっていたのです。

娘のいだいた疑問の中身がようやくわかりかけたとき、私は、ハッとさせられると同時に、内心ひどく赤面しました。

やはり、その時分のことだったと思いますが、「おわったー」という娘の大きな声がトイレからあがると、なにをしていてもすっとんでいって拭いてやるのが日課になっていました。

拭くときに、すこしでも力をいれると「いたい！」というので、急いでいるときでも、できるだけこすらないように、十分気をつかってきたつもりでした。でも、やっぱり、人のおしりは自分のおしりと同じようには拭いていなかったのです。

そのことは、自分のおしりを拭くときだけトイレットペーパーを揉んでやわらかくしていた私の行動が雄弁にものがたっているでしょう。

ただ、娘の不思議そうな表情をまえにして、ハッとさせられたのには、ほかにもまだわけがあったのです。

その瞬間、私は一足飛びに、四十年近くまえのつらい記憶にひきもどされていたのでした。そこには、おない年の女の子の不可解なしぐさに出会い、茫然とたちすくんでしまっている幼時の私自身の姿がありました……。

東京都区内にある幼稚園に通っていたときのことです。家族とともに山口県の山村から引っ越してきていた私は、病気がちで一年の半分近くを欠席したこともあって、なかなか友だちができませんでした。

ですから幼稚園では、教室や園庭のすみっこにひとりでいることが多く、ほとんど人と口をきいた記憶がありません。そんななかで、一度だけ、おもいきって自分のほうから女の子に話しかけたことがあったのです。きっと、幼いながら、彼女にたいしてほのかな恋心のようなものをいだいていたのでしょう。

その女の子は、はじめのうちは肯き（うなず）ながら、こちらの言うことを聞いてくれていました。ところが、私が冗談を言ったわけでもないのに、とつぜん、その子が笑ったのです。しかも、その顔には、こちらを冷たくつきはなすような、あざけりの表情が浮かんでいたのでした。

私は、なにがなんだかわからなくなり、それっきり口を閉ざしてしまったように思います。四十年まえに私にふりかかった出来事というのは、文章にしてみれば、これだけのことです。でもその出来事は、その後もずっと十代をすぎるまで、私のなかにわけのわからない傷となって残りました。そしてその体験は、自分が内気な性格であるという思い込みをますます強めさせただけでなく、女性にたいするある種のコンプレックスとなって、私の思春期に暗い影を落とすことにもなったのでした……。

それにしても、なぜ、娘のおしりを拭いてやるという経験が、はるか昔の自分の幼児体験をよびさますことになったのでしょうか？

その背景には、じつはある女性による、果敢な問いかけがあったのです。

ヘルパーさんは私の手

ふたたび、おしりの体験にもどりましょう。

でも、こんどは、私のではありません。手と足が不自由なために、これまで何千回も人におしりを拭いてもらってきた、「ケアを受けるプロ」を自認する小山内美智子さんという方の体験です。

小山内さんが、障害者の自立生活運動に取り組むなかでめざしてきたのは、つねにケアを受ける側の立場から、介助という行為を見直していくことだったといえるでしょう。そして、その原点には、つぎのような体験があったのです。

「お尻の拭き方に満足いかない時、『もう一度拭いてください』とは言えない。この言葉を言ってしまうとあとで介助者と気まずくなるからと思い、言葉をのんでしまっている。施設に入り、初めて看護婦（ママ）さんにお尻を拭いてもらった時、お尻にまだ便がついている感じで気持ちが悪かった。しかし、『もっと拭いてください』とは言えなかった。ただ私は心のなかで〝あなたも自分のお尻をこうして拭くの？〟と繰り返していた。」（小山内、一九九七、二四）

かりに、私自身が介助を必要とする状態になったと想像してみます。

そんなとき自分の介助をしてくれる人に、なるたけ気持ちよく働いてほしいと思うのは、だれしも同じでしょう。だから私も、相手のケアの仕方をとがめるようなこと（たとえば、「もう一度拭いてください」というのは、「いまのあなたの拭き方は、いいかげんでしたよ」というに等しいですから)は、できるだけ口にしないように我慢するだろうと思います。

しかし、このようなケアをする者とケアを受ける者とのあいだに横たわる非対称な関係性(「世話してあげる者」と「世話してもらう者」との温情主義的な関係)が、ケアを受ける側に、どれだけの不自由を長きにわたって甘受させてきたかを、小山内さんは自身の体験のなかから訴えかけているのです。

たしかに、「おしりの気持ち悪さ」は、そうした不自由のなかでも最たるもののひとつでしょう。

この非対称な関係を脱するために、試みられたこと。それは、まず、ケアをする者とケアを受ける者との関係のなかから感情的な要素(「なるたけ気持ちよく働いてほしい」)をきりはなし、純粋に金銭的な関係におきかえていくことでした。

小山内さんは、はっきりとこう言っています。

「介助を受けるものが、(介助をするものの)上に立たなければならない」「ケアとは、受け手の好みをよく聞くことである。ケアをする側の考えを押しつけてはいけない」「好みにあわなければきっぱりと(ケアを)断る勇気を身につけることである。かげで文句を言わず直接相手に言えばいい」(小山内、一九九七、二四―二五)

はじめて施設にはいった日に「もう一度、お尻をふいて」といえなかった少女が、このように言い切れるようになるまでには、どれだけの苦労や試行錯誤があったことでしょうか。彼女が乗り越えねばならなかった困難のかずかずは、正直なところ、私の想像力をはるかにこえています。

それでは、このようにしてつくりあげられてきたケアする者とケアを受ける者のあたらしい関係性とは、いったいどのようなものだったのでしょうか。その特徴は、小山内さんの語るつぎのようなエピソードによくあらわれているように思います。

「洗濯機を回す時に、あるおじいさんは洗濯機を回す時間を最長にしなければ怒るという。ヘルパーさんが生地が傷むと教えても、そのやり方を変えようとはしない。でもそこで頑固じいさんとは思ってはいけない。ヘルパーさんはそのおじいさんの手であり、妻ではない。間違っていても受け入れ、黙々と言うとおりにやればいいのである。そこが割りきれない人が多い。その洗濯の話を聞き、思わず噴き出してしまったが、そこにケアの理念があるような気がした」（傍点引用者）（小山内、一九九七、五五―五六）

「ヘルパーさんは私の手」という発想が、どれほど従来の温情主義とちがうものであるか、おわかりになりますか。温情主義にたったケアは、親が子をおもう（あるいは妻が夫の世話をやく）ような、いわば保護者の観点からのケアをこれまでおこなってきました（病院や施設におけるケアも、同様なものだったといえるでしょう）。

ところが、自立生活をめざす小山内さんたちは、ケアする側は、保護者どころかもっぱら使用人（つまり障害者の手足）になることに徹せよというのです。この発想の転換だけでも、目のくらむような変化です（はたして、私たちがヘルパーになったとして、自分がまちがっていると思うことでも、指示されたままに黙々とやりとげることができるでしょうか？）。

その手の感覚

これまで紹介してきた小山内さんのことばは、すべて彼女の著書『あなたは私の手になれますか心地よいケアをうけるために』（中央法規、一九九七年）のなかから引用したものです。

一読したところ、彼女はこの本で、ヘルパーの人たちに自分たちの手となり足となることを強要しているようにみえます。読者のなかにはきっと、「それはあまりにも傲慢な態度じゃないか」と反感をおぼえる人もいるでしょう。

しかしつぎにみるように、小山内さんの以上のような語り方には、なによりもその道の専門家とよばれる人たちにたいする根本的な批判が意図されていたのでした。（それと同時に、彼女自身への自戒の念がこめられている点も、見逃してはならないように思います。）

「仕事に自信をもち、プロになることは結構なことなのだが、自信過剰になり、これでいいのかという迷いが消えた時、大きな落し穴があるのではないかと思う。長い間ケアをやっていた施設の職員や看護婦、ヘルパーたちにお尻を拭いてもらうと迷いのなさに自信過剰ではないだろうかと感じてしまう。その手の感覚を感じるたびに、自分の生き方にも自信をもちすぎてはいけないと言い聞かせている。」（傍点引用者）（小山内、一九九七、三〇）

長いあいだケアに携わってきたプロであるはずの人たちが、いざ、おしりを拭く段になると、ほかの人たちよりも拭き方が下手であるという皮肉な事態。

しかしほんとは、それは皮肉でもなんでもないのかもしれません。じっさい小山内さんは、あるところで、こんな謎のようなことばをもらしています。

「この本のタイトルのように、私はあなたの手になれないと思っている人が、真のボランティアだと思う」

つまり、「私の手になれ」という要求は、もともと不可能を覚悟のうえで、ギリギリのところから発せられた要求なのでした。いいかえると、「私の手になれますか」という問いが意味していたのは、ケアという実践は、ほんらい「あなたの手にはなれない」と断念するところからしかはじまらない、というメッセージだったのです。

その点で、『あなたは私の手になれますか』という本の全体をつつみこんでいるのは、（誤解をおそれずにいえば）著者の小山内さんがかかえもっているそうした深い断念、ないし、あきらめの気配だといってもいいくらいです。

そして、彼女にそうした断念やあきらめをもたらしているのが、ときに「憎しみさえ覚えてしまう」という看護師やヘルパーたちがおしりを拭くときの「その手の感覚」であったことは、もはやいうまでもないでしょう。

しかも、それはケアのプロである看護師やヘルパーだけの問題ではなかったのです。

なぜなら、毎日のように娘のおしりを拭いてやっていた私自身の経験からしても、私たちが相手のおしりを拭くときに、相手のおしりに感じられる「その手の感覚」を、自分自身はけっして感じることができない、という決定的な事実があるからです。

たしかに、相手のおしりを拭いている自分の手の感覚はあります。でも、「その手の感覚」を、相手がどのようにかんじているかは、相手が「いたい」とか「きもちいい」とことばやしぐさで表現しないかぎり、こちらにはわかりません。

たとえそうした反応がかえってきたとしても、私たちには、その様子や語調から、相手にとって「その手の感覚」がどうであるかを、たんに推測してみることしかできないのです。

そして、あわただしい日々の生活のなかでは、いちいちおしりのふき具合をめぐってコミュニケーションがなされることなどめったにないのです。

だとすれば、小山内さんの感じている「断念」や「あきらめ」は、けっして個人的なものではなく、普遍的であると同時に、人間存在にとってきわめて根源的な感覚というべきです。

共感をこえて

幼稚園時代にまつわる私の個人的な体験が、おしりを拭くといった日常のささやかな経験から一気によみがえるにあたっては、じつは、小山内さんが投げかけた「私の手になれますか」という根源的な問いが、大きく関係していたのでした。

そして、今日、私が差別問題にたいしてもっているスタンスが、その幼児体験を反映していることを再認識させてくれたのも、やはり、このおなじ問いかけだったのです。

さて、あの体験には後日談がありました。

大学にはいり、心理学関係の本を読んでいたときのこと。ある箇所にさしかかって、私は、そこの記述にくぎづけになってしまいました。そして、あれ以来私のこころに懸かっていた不可解な謎が、一挙に氷解していくのを感じていたのです……。

たしか発達心理学にかんする本だったと思います。そこには、子どもが母語を習得するうえで、三、四歳という年令がいかに重要な時期であるかが書かれていました。

とすると、私が東京にでてきたのは、ちょうどその後半の時期にあたるわけです。では、私が習得していた母語とは、どんなことばだったのだろうか？

そう考えてみて、私には、女の子が笑った理由がはっきりわかったのです。

東京での生活が一年をすぎていたにしろ、私がしゃべっていたことばのベースにあったのは、依然として山口県の山奥の方言でした。しかも、母や姉に囲まれて育ったせいで、私が口にしていたのは、方言のなかでもとくに女言葉だったはずです。

それらの方言は、いまの私からはすっかり失われてしまいました。残っているものといえば、いくつかの断片的な記憶のみです(たとえば、自分のことを「ぼく」といわずに「うち」といっていたこととか)。

それでも、独特な方言語彙といい、イントネーションといい、聞きなれぬ山口ことばを耳にした幼い女の子が感じたであろう違和感や滑稽感を想像してみるのは、それほどむつかしいことではありません。

あのとき、女の子の表情のなかにあざけりの視線を読みとったのは、自分のまったくの誤解だったとわかったときの、なんともいえない解放感。そして、ひとりよがりのコンプレックスに悩まされてきた自分にたいするおかしみ。

なんだか、青春の笑い話みたいなオチがついてしまいました。でも、それもいっときのことで、気がついてみると私はさらなる困惑の淵につきおとされていたのです。それは、こういうことです。

女の子になんの悪意もなかったことは、わかりました。しかし、あのときの彼女の視線が、十数年にわたって私をなやませてきたのもたしかです。

だとすると、まったく悪意のない、むしろ無邪気とさえいえるようなごく自然なしぐさや表情が、他人を深く傷つけてしまうことが往々にしてあるということになります。しかも、傷つけた側は、傷つけた側で、そのことに気づく手だてさえあたえられていないのです。

この事実は、しばし、私を茫然とさせました。

他人の痛みをわかる人になりなさい。この教えが、そのときほど白々しく聞こえたことはありません。

ひるがえって、人のおしりを拭くという経験についても、「悪意などない、ごく自然な」拭き方をしているつもりが、結果的にとりかえしのつかないほど深く相手を傷つけてしまっているケースのあることをみてきました。

「私の手になれますか？」という挑戦的とも聞こえるこの問いが、私たちに伝えようとしていたこと。それは、私たちの身のまわりには、どんなにがんばっても共感しきれない他者の痛みの領域が存在するという事態でした。

その点を、小山内さんはストレートにこう言っています。

「一口に障害者といっても、歩ける人は歩けない人の気持ちはわからない。手の使える障害者には、鼻水が恐怖であることはわからないであろう。肌でわかりなさいと言ってもわからない。わかり得ないことはたくさんあるのだ」（小山内、一九九七、九四）

私たちにまず必要なのは、安易な共感への道などではなくて、自分には共感することのできない領域が茫洋としてひろがっているという事実を認めることでしょう。

そして、その事実を認めたうえで、相手からよせられてくる予想もしない苦情やクレーム(「もっと丁寧に、もう一回!」)にたいして、ゆったりと耳をかたむけられるこころの余裕をもつことが、私たち一人ひとりにもとめられているように思うのです。

第2の手紙　《日々の営みのなかで》

ねたみ意識というけれど

ストーカー

いま私の手元には、丸秘の判のおされた調査書のコピーがあります。十六ページからなる手書きの文書で、おもてには「＊＊活動学級講師差別発言の事実調査について」と書かれています。

これは、教育委員会から事件の報をうけて、ある市がおこなった事実調査にかんする報告書です。もちろん丸秘の文書ですから、本来なら、くわしい内容に言及することは厳につつしまなければなりません。ただし今回の場合、この調査書の内容の多くの部分が、すでに公刊された書物に掲載されていますので、公刊部分と重複するかぎりにおいて、ここにその内容を転載したいと思います。

地域の児童館に講師としておもむいていた男性が、送迎の車中で、児童館の職員とかわした会話。それが、この事件の主要な部分をなしています。

その男性は、師範学校（旧制の教員養成のための公立学校）出身の元教師です。退職後に、近隣市町村の児童館から折り紙の講師にまねかれるようになり、また、部落で同和研修の講師をつとめたこともあったということです。

送迎の車がある町にさしかかったとき、この講師は、同乗の職員にたいしてつぎのような発言をおこないました。

「この辺一帯は同和部落で、以前はトタン屋根の家が多かったけれど、いまは母屋普請をして瓦屋根の家ばかりになった」「中にはスーパーもあり、ないのは銀行だけや」「この辺は、まえは百万円街道とか一千万円街道とか呼ばれてこわいとこやったが、いまはそうではない」

これを聞いた職員が、「百万円道路とか、一千万円道路と呼んでいる人もいるが、根拠はあるのですか。ほんとうにあったのですか?」とたずねると、講師は、「村には当たり屋が十人ほどいて、地元の有力者がおしかけてくる」と説明しました。また、「いくら地区がよくなっても、常識がないからあかん。これからは常識をもってもらうよう教育をしていかなあかん」とも述べたということです。

この「差別発言」事件は、いわゆる露骨な差別事件とは違っています。

もしも、この男性が児童館の講師という身分でなかったら、職員もその場で抗議をして反省をうながすだけで、解放同盟の支部に問題提起をするにはいたらなかったかもしれません。

しかし、それだけにこの出来事は、現代において、拡散しながら潜在化しつつある被差別部落にたいする差別意識のありようを、リアルに示しているように感じられたのでした。

そこで、私は、ぜひともこの男性に当時の事情や、そのときの心境についてくわしく伺いたいと思いました。そして、事前に連絡して、子どもたちに紙芝居を実演することになっている公民館まででかけていったのです。

その日に簡単なあいさつをして、いちおう調査の了解をえました。

しかし、具体的な日時をきめる段になると、一週間たっても、一カ月たっても、電話をいれるたびに男性の返事は、いつも、「いま、子供会や老人会の行事がたてこんでいて忙しいので、もうすこししてから」というものでした。

それが、半年ほどつづいたでしょうか。しびれをきらしたのは、私の方でした。これは調査におうじてもらうのはむつかしそうだと判断して、こちらから電話するのをやめました。

きっと、男性のほうでもホッとしたことでしょう。もしかすると半年ちかくのあいだ、ストーカーにおいかけられているような不安を感じていたのかもしれません。

最後の手紙

前略

久しぶりにお便りいたします。その後、お変わりございませんでしょうか。

今から振り返りますと、その節にはたいへんご迷惑をおかけしたのではないかと恐縮いたしております。

Aさんにとって、おそらくはことばに尽くせぬであろう厳しいご体験について、くわしくお話を聞かせていただきたいなどと、お気持ちも察せずにあつかましいお願いをいたしまして、ほんとうに申し訳ございませんでした。

おそらくあの頃の私は、いわゆる「差別発言」というものを、自分の日頃のおこないとは直接関係のない、どこか遠いところでおこされている他人事のようにみなしていたのではなかったかと思います。

そもそも、なんの面識のなかったAさんにたいして、こういうぶしつけなお願いができたのもそのせいかもしれません。

もしも、私がその出来事を、いつなんどき降りかかってきてもおかしくない自分自身の問題としてとらえていたならば、もっとちがった依頼の仕方があったのではないかと、かえすがえすも残念でなりません。

じつは、このたび失礼をかえりみずにあらためて手紙をしたためましたのは、この三年あまりのあいだに、当の出来事にたいする私の受けとめ方が大きく変わってきたからです。

いや、もう、たくさんだ、昔のことを根掘り葉掘りむしかえすのはやめてくれ、とAさんは言われるかもしれませんね。

ともかく以下は、この件にかんするAさんへの最後の手紙のつもりで書いていきたいと思います。すこし長くなるかもしれませんが、どうかおしまいまでおつきあいくださいますよう。

差別意識のせい？

『差別はいけません』『差別をなくしましょう』ということばを、私たちは子どものころから耳にタコができるほどきかされて育ってきました。また、こういった標語は、今日、街頭のいたるところで目にすることができます。

でも、いくらそうした正論をくりかえしとなえても、その効果には限界があるように思います。なぜなら、本気で差別をなくそうとするなら、まずはじめに、自分たちがどのように差別をおこなっているか（あるいは、おこなってきたか）を、徹底的に知らなければならないからです。

差別をおこなった理由として、よく、当人のもっている差別意識があげられます。Aさんも、「この辺は、まえは百万円街道とか一千万円街道とか呼ばれてこわいとこやったが……」という発言をだされたときに、「私の心のどこかに差別意識が残っていたとおもいます」と答えていましたね。

たしかに、差別的な行為（発言）の原因を当人の差別意識にもとめる説明のしかたは、どんなケースにもあてはめられるので、とても便利な方法です。しかし、ほんとうのところは、それではなにも説明したことにならないのです。

そのわけは、（1）私たちは、たとえ差別意識をもっていたとしても、かならずしも差別的な行為や発言をおこなうとはかぎらないし、反対に、差別意識がまったくない場合であっても、差別をしてしまうことが往々にしてあるからです。

しかも、それだけではありません。（2）差別意識ということばには非常にあいまいなところがありますが、じつはそれは、差別ということば自体のあいまい性に由来しています。いいかえれば、(3)私たちの社会において、なにが差別で、なにが差別でないかという境界線をひくことは、それほど容易ではないのです。

このようにいうと、解放運動をしている人たちのあいだから、すぐにも批判がよせられそうです。というのも、運動をする側にとっては、『差別を見抜く眼』とか『差別をしない心』といった運動スローガンをみてもわかるように、「なにが差別であるか」は自明な事柄だとみなされているからです。たしかに、この社会で合意ができている「自明な差別」があることは事実です。また、その合意の形成にたいして、解放運動がはたしてきた役割をみとめることに、私はやぶさかではありません。

しかしながら、そうした「自明な差別」の周辺には、それが差別かどうかにわかには判別のつかない微妙な行為の領域が広がっているのです。その点を認めるなら、結局のところ、(4)自分たちがどのように差別をおこなっているかをしる手だては(その差別が双方に納得のいく「自明な差別」でないかぎりは)、あなたは差別をおこなったとクレームをつけてきた人たちと対話をおこなっていくことからしか得られないのです。

類推の罠

それでは、Aさんの主張のどこが差別発言だと、市の同和対策部の指導員は指摘していたのでしょうか。

調査書を読むと、問題とされているのはつぎの二点です。

(Ⅰ)「百万円道路、一千万円道路」発言にかんする根拠の有無について。

(Ⅱ)同和対策事業にたいする評価や受けとめ方について。

まず、第一点にかんしては、「百万円道路ということを、どこかできかれたのか？　なにか根拠があるのか？」という問いかけにたいして、Aさんは、「それは、そういうようなことを言うてらなー、というふうなことを耳にはさんでおったために、それが口にでたと思います」と答えています。また、「地元の有力者が大勢おしかけてくる」という発言についても、同様に、「噂で、まえはあったという記憶がございます」と言っていました。

指導員が、「（個人の）推量や空想では理解できない。ぜんぶ話していただいて、今後の反省材料としたい」ときびしい口調でせまっている背景には、いまだに部落にたいしてそうした噂がささやかれる現実があります。

世間からの噂を鵜のみにしてしまったばかりでなく、それをさらに公言したこと。それが、このたびの「差別発言」事件のきっかけとなったことはたしかです。

たとえ悪意はなかったにしろ、差別を助長しかねない噂を、世間話のノリで気軽に口にのせてしまうようなAさんの態度は、やはりかぎりなく差別的行為にちかいと言わざるをえません。

しかも、その発言は、たんに噂話の域にとどまってはいなかったのです。「当たり屋」にかんする部分で、Aさんはこうも言っていました。

「十五年ほどまえ、大阪のB町でそういう目にあったことがあり、そういう経験があってでた言葉と思います。」

つまり、Aさんの発言のなかでは、地域に流布されている噂と、べつの地域でのみずからの経験が巧妙にミックスされて、いかにもそれらしい(?)はなしに仕立てあげられていたのでした。

おそらく、「村には当たり屋が十人ほどいて……」という偏見にみちたつくり話が、地域にかねてからある噂とまことしやかに結びつけられてAさんの口にのぼったことが、送迎で同乗していた職員や、市の同和対策部の指導員に、強い危惧をいだかせたのだったろうと思います。

いま私は、「つくり話」といいました。しかし、それはたんなる空想によるつくり話ではなくて、Aさんが、じっさいに自分の体験をもとに類推をおこなう過程でうみだされたものでした。

［大阪のB町での体験］　＋　［近隣のうわさ］　→　［差別発言］

私はさきに、差別発言の原因を当人の差別意識にもとめるだけでは、なにも説明したことにならないと述べました。

それは、こうした類推の仕方にこそ、もっと注意を払うべきだと思うからです。じっさい、私たちもまた、根拠の不確かなうわさを耳にしたときには、それまでの自分の体験をもとにして、うわさの真偽を判断してきたのではなかったでしょうか。

ただ、Aさんの場合には、不幸にも大阪での経験が近隣のうわさを受容するかっこうの土壌になってしまったわけです。もちろん、うわさを受けいれたあとの「当たり屋」云々のさらなる潤色（虚偽の事実の捏造）は、とても見すごしにできないものです。

しかし、それさえも、経験とうわさからの類推という点では、Aさんひとりの問題ではないように思います。なぜなら、いったん近隣の噂に信憑性を感じとってしまえば、「それなら、当たり屋がいたはずだ」といった類推までは、ほんのわずかな一歩でしかないからです。

たしかに、Aさんのなかの差別意識（部落には「当たり屋」がいるにちがいないという偏見）が、この差別発言をうんだという解釈は可能ですし、じっさいこれほどわかりやすい説明はありません。けれども、こうした説明が私たちに見落とさせてしまうこと。それは、私たちがふだんなにげなしにおこなっている類推行為が、部落差別をひきおこさせる罠を、（私たちに差別意識があろうとなかろうと）不断にしかけているという事実だったのです。

それは差別だろうか？

調査書が問題にしていた第二の点。それは、Aさんの、同和対策事業にたいする評価や受けとめ方にかかわることでした。

「中にはスーパーもあり、ないのは銀行だけや」という発言の真意を問われて、Aさんはこんなふうに答えています。

「銀行やとか、そういうものはない（けれども）、それはもぅ、いたれりつくせりですわ、というように思います。」

さらに、「いたれりつくせりとは、どういうことか？」「うまいことをしているという気持ちではないのか？」という、重ねての問いかけにたいして、Aさんは、「なにひとつ不自由はないやろと思いました」「うらやましいという感じがあったのはたしかです」と正直に述べていました。

このやりとりのなかで、質問する側に、ある特定の方向へ回答をみちびこうという意図のあったことはあきらかです。

同和対策事業がはじまっていらい、「あたらしい差別意識」として批判のまとにされてきたいわゆる「ねたみ意識」をAさんのなかに見ようとする意図がそれです。なるほど、さきのような差別発言のせいで、「ねたみ意識」への追求がいっそうきびしくおこなわれたということはあるでしょう。

それにしても、私にとってどうにも釈然としないのは、指導する側が「ねたみ意識」をぜがひでも差別行為に結びつけようとしている点です。

「トタン屋根が、瓦屋根になった」「ないのは銀行だけや」（さらに、「これはみな同和対策事業でたてられた団地や」というセリフもあったということですが）などの発言にこめられていた「いたれりつくせりですわ」とか「うらやましい」といった感情。

しかし、そうした感情は、持ち屋を手にするために莫大な借金をかかえ、おまけに高率な金利に悩まされている多くの生活者に共通するものであるといってもけっして過言ではないでしょう。

さらに誤解をおそれずにいえば、「いたれりつくせりですわ」という認識自体、ある面では、これまでおこなわれてきた同対事業にたいする根本的な批判になっているようにも思います。

ただし、「いくら地区がよくなっても、常識がないからあかん」という発言にかぎっては、なかなかきわどい表現だと言わざるをえません。

その発言にたいして、部落にたいする偏見そのものではないかと非難することは、たしかに可能でしょう。

でも、他方では、部落の会館をめぐって折り紙をおしえたときに、子どもたちの行儀がわるかったとAさんが述べているところからすると、それを、彼の体験からでてきた部落にたいする批判のことばと解釈することもできるのです。

このようにみてくると、Aさんの発言のなかには、あきらかな偏見とわかるものから、部落にたいするある種の批判としてうけとれるもの、そしてさらに、その中間にあって偏見とも批判ともとれるものが、混在しているのがわかります。

しかし、考えてみれば、こうした状態が普通なのかもしれません。

私たちが、いったん、同対事業や部落にすんでいる人たちにたいして本音で批判をおこなおうとおもえば、右へかたむけば差別、左へかたむけばなんでもない、そうしたせまいエッジのうえをよたよたと歩いていくしかないのでしょう。

Aさんへの手紙にも書きましたように、差別意識の持ち主というAさんにたいする以前の見方が、この三年ばかりのあいだに、このようにして差別と非差別のエッジのうえを歩いてきた人という見方へと変わってきました。

そうなるとほんとうに、Ａさんの出来事は、もう、他人事とは思えなくなってきたのです。

第3の手紙《考え方を組みなおす》

死者へあてた手紙

呼び方をめぐって

あなたのことを、どのようにお呼びしたらよいのでしょうか。

あなたについて書くときには、これまで私は、二通りの表記をしてきました。

「オンチさん」というのは、むら人たちの思い出のなかで語られているあなた、つまり、むらの人の目に映ったあなたを描くとき、主として使ってきた呼び名です。

そして、「朝野温知（よしとも）」という、東本願寺の武内了温の命名になる名前で呼んだのは、あなたの著書やエッセイにふれながら文章を書いていたときのことでした。

それに、あなたにはもうひとつ名前があります。

李壽龍（イ・スリョン）。

これが、一九六二年に日本に帰化するまでの、あなたの本名でした。

あなた自身が、これらのうちで、どの名で呼ばれることを望まれるかを伺うすべは、もはや私にはありません。ですから、想像するほかないのですが、きっとあなたは、どの呼び名にたいしても、ちょっと首をかしげてみてから、頭をゆっくりと左右にふられるのではないでしょうか。

そんな気がするのです。

そこで私は、あなたのことを、ここではあえて「温知（おんち）さん」と書いていきたいと思います。

さて、温知さん、私があなたに最初にたずねたいのは、なぜ朝鮮人であるあなたが、部落解放運動に生涯をつうじてあれほど深くたずさわることになったのか、という点についてです。

それというのも、滋賀県の解放運動にかがやかしい足跡をしるすあなたが後半生をすごした湖北のむらをおとずれたとき、私たちは、むら人の口から意外なことばを耳にすることになったからです。

「朝野先生は、わりとワンマンだったね」「自分がこうやとおもうたら、そうせんと気のすまない人」「むらに世話になっても、ありがたいとおもわん」「この部落の人の、半分は（朝野を）良くいうが、半分は悪くいう」

あなたとむら人のあいだに、いったいなにがあったのでしょうか。

そもそも、よそ者として見ずしらずのむらにはいり、そこで区長職を数次にわたってつとめ、むらの解放運動のリーダー的な役割を担っていくことが、どんなに苦労の多いことであったか、私たちにもある程度は想像がつきます。

だからなおのこと、さきのような疑問が浮かんできてしまうわけです。
そして、いまの私には、そのこたえは、「朝野温知（よしとも）」と「李壽龍（イ・スリョン）」という二つの名前にたいして、あなた自身がとってきたそれぞれの距離のとり方のなかにあるように思われるのです。

民族問題と部落問題

弱冠十八才の李青年が、玄界灘をわたって日本にやってきたのは、一九二四（大正十三）年のこと。日本へのあこがれと勉学意欲に胸をふくらませていた門出が、一転して、懐疑と煩悶の思想遍歴のはじまりとなったいきさつを、彼はのちにこう書いています。

「……ところが、釜山で船に乗るとき、朝鮮人と日本人とは船にあがるデッキが違うし、船室も別であった。……私服刑事がたくさん乗り込んで、うるさいほどいろいろなことを調べていた。私は、そのうちに朝鮮ではあまり感じなかった民族差別を感じて、たいへんショックを受けた。それから後は、初めての希望とは変わった民族問題が私を苦しめた……」（朝野、一九八八（上）、三）

そして李青年は、渡日後、一燈園の西田天香、親鸞、ガンジーらの思想に傾倒していくなかで、京都において将来を決定づける運命的な人物と出会います。それが、東本願寺の武内了温でした。当時、社会課長の職にあった武内は、全国水平社の顧問という立場でもありました。

武内の寺にひきとられた李青年は、水平社創立まもない活気にみちたふんいきのなかで、しだいに部落問題と「自分の問題との類似点を感じ、大きな興味をおぼえ」るようになっていきます。そして、一九二六（大正十五）年、彼はみずから希望して滋賀県の部落にある説教所へおもむいていきます。武内の導きによって朝野温知（よしとも）が誕生したのは、そのころのことと思われます。

部落やそこにすむ人びととのはじめての出会い。民族問題になやむ朝鮮人の若者は、そこに一条の救いの光を見いだしたようです。

しかし、皮肉なことに、その出会いが、かえってその後のつらくきびしい体験を呼びよせるもとにもなったのでした。

「私はその地区ではじめて自分と全く同類の悲憤を抱いて生きている人たちを発見した。私が自分の気持ちをかくすことなく語り、心おきなく親しみを得る人たちは、それまでの人生には見当らなかった。それをこの人たちのなかに見い出したことはおおきなよろこびであった」（朝野、一九八八（下）、九〇）

彼は、そのときの心情を、率直にこう述べています。しかし、彼は、「その人たちと私との間には峻厳な歴史の障壁があった」という事実も、同時に認めざるをえませんでした。

では、「峻厳な歴史の障壁」とは、いったいなにをさしていたのでしょうか。

そのひとつは、「部落大衆」と教化者である「僧侶（の助手）である自分」とのあいだにある距離の自覚であったと思われます。

じっさい彼は、「一段高いところに立って部落大衆を教化する人たち（部落寺院の僧侶）の助手としての立場にある自分というものにたいへん良心的な苦しみをおぼえて、いたたまらなくなり、六カ月ほどでその部落を去」り、そのご「六年間の思想遍歴」をへたあげく、「私はすべてを捨て、昭和六（一九三一）年の春、この地区の住民になりきるために、家を借りて住み着き、アナーキストとしての社会運動をはじめ、昭和八（一九三三）年、水平社運動に参加した」と書いていました。

そして、一九三五（昭和十）年には、無政府共産党事件を口実に逮捕され、二年六カ月にわたる投獄を経験しています。

しかし、この時点で自覚されていた「部落大衆」との距離は、後年、彼がじっさいに遭遇することになるむら人との距離にくらべれば、まだまだ観念的なものでしかありませんでした。

むらのなかの朝野温知

温知さん、あなたが戦時下の鬱屈から脱して、ふたたび解放運動に取り組むことになったのは、敗戦後すぐの滋賀県民主同盟の設立に参加してからでした。

ほぼそれと時期をおなじくして、あなたはあらたに湖北のむらへ「精神的な指導者」としてむかえられています。

そこに居をすえて、滋賀県の解放運動のために東奔西走する日々がはじまりました。そして同時に、むらのなかでも、食糧デモを組織したり、警官の差別暴行事件にたいする糾弾闘争を指導しています。

また、青壮年層からなる「村を明るくする会」や、若い婦人たちの「楽しい暮らしを守る会」などといった、ボランタリーなグループの育成も試みています。

じっさい、つぎのような文章からは、その当時の運動への熱意あふれる温知さんの姿がまざまざと目に浮かんできます。

「……私は、成り上がり坊主で、お経もろくに読めなかったし、葬式の儀式も知らないので、地区の要望に応えられないこともあったが、第一そんなことは私の性分に合わなかった。私は自分勝手に部落に住むからには、部落解放運動をする以外に仕事があるはずがないと決め込んでいたので、ほとんど毎日、運動に出歩いていた。」(朝野、一九八八(下)、六―七)

けれども、温知さんとむら人の蜜月は、長くはつづきませんでした。

温知さんの尽力によって、むらに保育園が開設されたのは、一九五二(昭和二十七)年の末のこと。その開設まもない時期におこったのが、一部の父母たちによる「朝野出ていけ運動」でした。これは、温知さんとむら人のあいだの溝をくっきりと浮きたたせることになった、最初の大きな出来事でした。

この件について、むら人たちは、いまでも多くを語ろうとしません。

しかし、その背景に、当局による温知さんにたいする強制送還事件があったことはたしかです。じつは、ちょうどその一年ほどまえ、温知さんは、外国人登録法違反によって国外強制退去を命じられ、長崎の大村収容所に三カ月にわたって収容されていたのでした。

家族やむらの有志たち、さらに解放運動の仲間や東本願寺の恩師たちによっておこなわれた救援活動によって、かろうじて退去命令は取り消され、収容所からは釈放されました。とはいえ、おりしも朝鮮戦争の勃発と前後して、共産主義者にたいする公職追放、いわゆるレッド・パージの嵐がうずまいていたときのこと。むら人のあいだから、彼に出ていってほしいという声が湧きあがったのも、ある程度やむおえないことだったかもしれません。

ともかく、この出来事をつうじて温知さんは、自分が朝鮮人であることをいやがうえにも強く意識させられたはずです。

大村収容所で、おおくの同胞が悲惨な目にあっているのをじっさいに目撃し、ようやくかえってきてみれば、さらに、むらのなかにたくさんの敵をかかえるような状況（「出ていけ運動」として表面化することになるむら人たちの反感）が温知さんを待ち受けていたわけです。

それでも部落にとどまって解放運動をつづけるという決意は、彼のなかでいささかもゆるがなかったようです。ただし、身辺にたいする刑事の執拗な監視がつづけられるなか、もはや、以前のように運動の先頭にたつことはゆるされない状況がありました。

そのころから温知さんのおこなう解放運動の力点は、従来の政治的な集団行動にかわって、保育園経営をつうじた地域の社会福祉事業へと移っていきました。

むら人の声

温知さんが三たび運動のおもて舞台にたつことになったのは、一九六〇年代の半ば、同和対策事業特別措置法の成立にむけた行動がはじまった時期にかさなっています。

そのころから七〇年代のはじめにかけて、温知さんは、解放同盟滋賀県連の副委員長をつとめるともに、むらでは数次にわたって区長職について、同対事業の推進に力をそそいでいます。

温知さんの復活を可能にした背景に、一九六二(昭和三十七)年の日本への帰化があったことはあきらかでしょう。それによって、ようやく彼は、こころおきなく政治的活動に専念することができるようになりました。

ただ、帰化という出来事は、私たちに複雑な思いをいだかせずにはいません。温知さんが、部落問題に気がねなくかかわるために、あえて在日の問題をきりすてたようにもみえるからです。(事態は、のちに言及するように、それほど単純なことではなかったのですが……)

そして、いったん同対事業が温知さんの責任のもとにはじめられるや、それまで温知さんとむら人のあいだにわだかまっていた例のしこりや溝は、「断層」とよばれるほどまでに広がってしまいました。

たとえば、道路の拡幅が計画されたときのことを、ある人はこんなふうに振り返っています。

「そこのおっきい道も、青写真を、先生、あたまのなかでちゃんと描いてはって、ともかくむらの人をゴテゴテとわからんもんにいうてんと、先にもぅそれをしようとされたん。で、それが、みな、納得できなかったん。やっぱり地元のことやから、地元の人の納得をえて、それから事業をおこすべきであって……。青写真がこうやって、いうてはることが、もぅ段違いですね、住民と先生のあいだがね。ほんでぇ、そこに断層ができてしもうて……」

温知さんにたいして投げかけられていた「ワンマン」とか「住民無視」という批判は、こうした事柄から生じていたように思われます。

たしかに、温知さんが手がけた同対事業のすすめ方に強引なところがあったことは、多くの人の口から聞かれました。ただし、よそからきた人間が地元の事業を取り仕切るといっても、そこにははじめから無理や限界があったはずです。また、その当時、むらのなかで四派閥がいりみだれる熾烈な派閥争いがあったことも、温知さんの名誉のために、言いそえておかなければなりません。

なかには、むら人が温知さんに素直についていけなかった理由を、こんなふうに語る人もありました。

「(むらの人は)自分らは肉体労働、日稼ぎせなあ、生きていけなんだのにたいして、先生らは、むらの人にはない、ほの知識、頭で生きていけると、ね。どこかそういう、僻(ひが)みっちゅうのか、嫉(ねた)みていうのか、そういう面も多分にあったんですよね」

このことばは、知識人である温知さんとむら人のあいだの距離を言いあてています。このような距離の存在が、多くのむら人たちに、温知さん流の解放運動たいする肌合いの違いを直観的に感じとらせていたのでしょうか。

権力と被差別のはざまで

しかし、温知さんがかこっていた孤独を、「よそ者の知識人」がむらのなかで権力をにぎったがためとみなすだけでは、彼の悩みをただしく理解したことにはならないでしょう。むら人が温知さんにたいして面とむかって差別的な態度をとるようなことは、日本に帰化したあとはもちろん、帰化のまえにもほとんどなかったようです。けれども、娘さんのつぎのような証言からは、むらのなかに、ことあるごとに温知さんが朝鮮人であることをあげつらう人たちがいたことがわかります。

「＊＊派の人らに、もぅほんとに、目の敵にされてね、ほれ、もぅ学校のかえりに待ち伏せされて、よく泣かされたりねぇ。ほして、『おまえは、朝鮮人の子や』とか『アカの子や』とかいわれたのは、外の者にいわれるゆうよりも、むらのなかの、その＊＊さんの息子さんら、ほういう人らにいわれてねぇ」

しかもそれだけでなく、温知さんへの批判は、当時、在日の活動家たちのあいだにもくすぶっていたということです。べつの地区で解放運動にたずさわり、温知さんともしたしかったある人は、その事情をこんなふうに述べていました。

「あれ、ほら、半日本人、半チョッパリいうたかな。軽蔑用語やねぇ。そういう朝鮮人、たくさんいますやん。日本名を名乗らされたりなんかしてますからねぇ。戦後もそれであまんじていると。朝鮮人であることをかくしてね。それがインテリないし指導層になってくると、なおさらですな。朝鮮人の運動は、ちょっともしようとせんと、ね、部落の運動ばっかり一所懸命になってやってんな。なんで同胞のことをね、もっと考えんのかという（批判が）幹部、活動家の一部のあいだにはありました」

こうして私たちは、またもや最初にあげた疑問にひきもどされるのです。

朝鮮人だったあなたが、なぜ、部落解放運動にあれほどまでに専心することになったのでしょうか、それもあえて日本に帰化までして……。

私はかねがね、温知さんが、自分が帰化するにいたるいきさつについて、まったく書き残していないことをいぶかしく思っていました。そしてそれは、在日の運動家にたいする後ろめたさのゆえではなかったかと、気をまわしてみたこともありました。
ところがこの点については、あるとき、つぎのような話をきいて、それがこちらのまったくの誤解であったことがわかったのです。

「(部落解放)運動の限界ですわ。本人の意識じゃなしに。(朝鮮の人なのに)解放運動を一所懸命やってくれる、それについては感激して尊敬もするけども。それが、朝鮮のこと(在日の運動)もやり、こっちも両方やってるということになってきたらね、一定の警戒なんかおこったりするのちがいますか。ほんで、帰化という問題ねぇ、でてきたとおもうんです。本人は、ほんなこと、夢にもおもうてなかったしね。ほいで強制送還になった時点でも、みんなが(温知さんを)守り、(釈放を)陳情して、なにして。それやったら帰化したらええやないかというかたちんなって、帰化でもおこったわけやからね。本人の発意からでてきたわけじゃないわけやから。ああ、そういうに、聞いてますけどねぇ」

このとき、私は、はじめて温知さんのかかえていた苦悩の核心にあったものをかいまみた思いがしました。それを、あえてことばに表現すれば、被差別部落のなかで、さらなる被差別者であったあなたが、あろうことか、権力までにぎらされてしまったことによる深い孤独感、とでもいったらよいでしょうか。

温知さん、あなたのなかでは、終生、在日の問題にたいして距離をおこうとか、それから手をひこうという考えがもたれたことはなかったでしょう。ただ、これまでみてきたような止むにやまれぬ思いから、解放運動のほうへと接近していっただけだったにちがいありません。

ところが、部落問題に積極的に取り組んだばっかりに、結果としてあなたは、在日の運動にたいしては距離をとらざるをえない状況においこまれてしまったのでした。

だから、そもそも、「朝鮮人のあなたが、なぜ、部落解放運動を……？」といったかたちで問いをたてているかぎり、いつになっても、私たちは事の本質にせまることはできなかったのです。

むしろ、「朝鮮人のあなたが、部落解放運動にたずさわるうえで、障害となったものはなにで、その障害は、なにゆえに生じてしまったのか？」という問いこそが、私たちが追求するべきものでした。

その点で、温知さん、あなたが解放運動の同志に手向けたつぎのことばは、そのまま、ご自身のことを述懐することばとして聞こえてきます。

「＊＊さんの受けた差別というものは二重三重のものであった。つまりは、部落民であり、坊主の子であり、親なしであり、貧乏人であり、よそ者であったのである。彼は私と同じように、部落のなかでも差別されていたのである」（朝野、一九八八(下)、一四九）

温知さんの場合は、それにくわえて、「朝鮮人」であり、「共産主義者（アカ）」であり、「知識人」でもあったわけなのですが……。

このようにみてくると、解放運動においてあなたがへてきた、いわば権力をもつ者と差別される者との境界線上にたつ経験は、けっして、朝鮮人としてのあなただけの特異な体験ではなかったことがわかります。

いや、それどころか、差別―被差別という固定した二分法を脱するためのヒントを、たしかに私はあなたからいただくことができたようにさえ思います。

なぜなら、今日、「差別する者」と「差別される者」、「差別しない者」といった従来の固定的な人間類型にかえて、もっと実質的な生の倫理が必要とされているからです。

そして、「被差別者であると同時に権力者でもあった」あなたの苦悩のなかにこそ、私は、そうしたあらたな生の倫理の胎動の予感を感じるのです。

〈参考文献〉

朝野温知著『宗教に差別のない世界を求めて――朝野温知遺稿集（上）（下）』東本願寺、一九八八年。

第4の手紙　《日々の営みのなかで》

アイデンティティ以前

住所がちがう

ひとしきりお話をうかがったあと、予定の時刻もせまり、そろそろお暇しようとお礼のことばを口にしかける、ちょうどそんな頃合い。

はじめは緊張ぎみだった場の空気もやわらいで、おたがいの顔になごんだ表情が浮かび、ときおり笑みもこぼれるようになったころ。

「おぅ、そうじゃ」

と、話し手のがわから、なにか大切なことを言いわすれていたとでもいうように切りだされる話題。そのひとつに、現在の住所にちなんだものがありました。

この機会に、ちょっくら、話しておきたい、あるいは、ぜひとも、聞いておいてもらいたい、といったきっぱりとした口調があきらかなので、腰をあげかけていた私たちも、すわりなおしてまた耳を傾けることになります。

ひとくちに住所にかんすることといっても、様々なケースがあります。ただ、それらに共通しているのは、今住んでいる場所の住居表示が部落の地名や番地と違っていることからくる、とまどいや複雑な心情が語られているという点です。

はじめのうち、それがどういう意味をもっているのか、私にはよくわかりませんでした。どうして、その程度のことにこだわるのだろうと、首をかしげたことも幾度かあったのです。

それは、そうした話題が往々にして、せっぱつまった、というよりも、どこか冗談めかしてなされることが多かったからかもしれません。

でも、そんな受けとめ方しかできなかった私は、うかつだったといわざるをえません。住所（地名）をめぐる問題こそ、部落差別をおこす引き金の役割を長いあいだ果たしてきたのですから。

自分の住所を名乗るという行為。

それは、私たちにとっては、ふだんとくに気にとめることもなくおこなっている、いわば息を吸ったり吐いたりするのと同じくらい無自覚な行為です。

ところが、部落に住む人にとって、部落の住所を名乗ることはまったくちがった意味合いをもっています。なぜなら、それは、とりもなおさず自分が部落の人間だということを、相手にはっきり告げるにひとしい行為だからです。

しかも、聞き取りの場で話題になっていた事態というのは、それとも違って、さらにいっそう複雑な問題をつきつけていたのでした。遅ればせながらそのことに気づかされたのは、直接、つぎのような訴えを聞いたからです。

結婚したとたん

このときも、また、聞き取りの最後の十分ほどのあいだの出来事でした。その話題は、それまでの話の流れからいえばいかにも唐突と感じられる仕方で、語り手の側から、こんなふうに切りだされたのです。

「私、職場とかでもね、『どっからきてあんのや?』とかいうてね、おっちゃんがようしゃべらはるわけですわ。で、独身のときやったらね、それこそそんなこと何にもなしに、かえってこれ(住所)をいうことで、ああ、そこやったらわしも知ってる人いるで、とかで、利点が生まれてくることが多いかなと思って、ほんとにすんなりと、聞かれんうちからも言えたことがね。結婚したとたん、やっぱり差別があるっていうことを知ってるわけやから、それを言ったら、やっぱり、この人の見る目が変わるんやないかという恐れが、うん、結婚したとたん、やっぱり出てくるわけですよ」

結婚によって、あらたに部落に住みはじめること。それは、長いあいだ部落に住んできた人ともまた、非常に違った体験です。

いってみれば、昨日までと、今日からとで、自分の社会的な位置なり立場が決定的に変わってしまう、そんな劇的な体験を彼女たち(あるいは彼ら)はしてきたのでした。そのときに感じたとまどいを、彼女は率直にこう表現しています。

「住所を言うことで、なにも変わらないし、それは現実っていうか、事実を言っているだけやのに……。そこまで、やっぱり構えんならんのは、なんなんやろうって、そう思いましたよ」

彼女を、それほどまでに周囲にたいして構えさせたもの。それが、こちらを見る相手の視線が、以前にくらべてガラッと変わってしまうことへの恐れであったことは、すでに述べられていました。言い換えれば、(はたして、あるかないかわからないけれども)相手の差別意識にたいしてあらかじめ予防線を張りめぐらしておく(あるいは、身構えることで、万一のばあい自分にもたらされる痛手をすこしでも和らげる)、といった意味合いが彼女のいう「構え」のなかにあったのは確かです。

しかし、彼女をためらわせたのは、そうした他者のなかに潜む差別意識だけではなかったのです。そのときの自分自身の心の揺れを振り返りながら、彼女はこんなふうにも述べていました。

「で、そのときに、それはなんやろう(とおもうた)。差別がある現実(がそうさせるの)やろうか、(それとも)自分のなかにのこっている差別意識やろうか、って。(いずれにしても)差別を認めている部分が、自分のなかにあることになる……」

結婚まえならば、聞かれなくても自分から言えた住所。それが、結婚すると同時に、すんなりと口にできなくなってしまう……。

その理由を、彼女はまず、周囲の人たちがもっている差別的な意識(「差別がある現実」)を感じるがゆえのことだろうか、と自問しています。しかし、それだけではないだろう……と、より深く自分自身を問いつめていくのです。

その結果たどりついたのが、「差別を認めている部分が自分のなかにある」というきわめて微妙でありながら、かつ、きびしい結論であり、そのことがまた、「自分のなかに残っている差別意識」にたいする認識へとつながっているのでした。

なんのこだわりもなく部落に嫁いできたつもりが、結婚するやいなや、住所の問題を介してみずからの差別意識に直面させられてしまうというのは、あまりにも酷い話ではないでしょうか。

けれども、そのとき彼女がほんとうに訴えたかったのは、それとはべつの事柄だったのです。

「間をもたないえへん」

そして彼女は、こんなふうにつづけました。

「だから、どういうふうにでも言えるわけですよ。このへん全部、＊＊学区っていうんで、うん、＊＊のほうやわ、とかね。ま、その＊＊のどこやって言われたら、まぁ、私、正式にはCの町内で、

C町ですっていえばいいですけど……、あのう、それがね、私、自分のなかで葛藤があって……」

ここで彼女の葛藤を理解するためには、まず、彼女の住んでいる町内の地理的および行政的な位置関係にふれておかなければなりません。

彼女がじっさいに属している町内は、じつはC町ではなく、そのとなりにあるA町です。彼女の現住所が「正式にはCの町内」になっているというのは、彼女の住んでいる場所が、行政区分によって、たまたまC町がわに編入されていたからでした。

つまり彼女は、結婚してAという部落の住民になったにもかかわらず、住所にかんしては、家の建っているC町の番地を名乗るようになった、というわけです。

それでは、こうした事態が、いったい、どのような混乱を彼女のなかにもたらしたのでしょうか。さらに、彼女の悩みに耳を傾けてみることにしましょう。

「私、自分のなかに葛藤があって。で、友だちとかにでもね、『結婚した』『どこへいったん』とか言われたときに、たぶんここ(C町)にきてなければ、すんなりと言えたと思うんですけど。このA町っていうことが。で、そこで言うんやけど、その、間をもたな言えへんかったっていうのがね、自分のなかで『なんでやったんやろう』ってずうっとまた考えおる……」

彼女のなかで結婚の当初にあった迷いは、すでに克服されているようです。たとえ、相手のこちらを見る目が変わろうが、変わるまいが、ともかく住所を尋ねられたら「A町」と部落の名前で答えようという覚悟が彼女のなかでできあがっているのは、この短い発言からもわかります。

ところが、その覚悟を揺るがしたり、揺るがしはしないまでも、一瞬のためらい（「間」）を返答のさいにどうしてももたらしてしまうもの。それが、住所が部落外であるという、単純な、しかし厳然とした事実だったのでした。

しかし、「間をもたな言えへんかった」ことにたいして徹底的にこだわりつづける彼女の姿勢を、私たちは、ほんとうに理解できているでしょうか。

おそらく、結婚してから今日にいたるまで、できれば部落の名前を口にするのを避けようとする、自分のなかのもうひとりの自分との戦いをつづけてきた当の彼女にしか、そのこだわりの真の意味を理解することはできないでしょう。

たとえば、そうした自分自身との戦いについて、彼女はこうも言っていました。

「でも、私は（A町と）言う。それでごまかしてしまったり、言わへんかったら、もぅ、ほんま、一生立ち直れへんのちゃうかと思うんで、そっちのほうが恐い。まぁ、言ったあとの相手の反応とか、それからの相手との関係も修復可能やけど、言わへんかった自分ていうのを、自分がまた立て直せるっていう自信はほんまにないんで、やっぱり言う」

アイデンティティ以前

それにしても、皆さんのなかには、彼女は住所にかんして、ちょっとこだわりすぎなんじゃないかと思う人もあるでしょう。

たしかに私自身も、「間をもたな言えへんかった」にしても、ちゃんと部落名を口にしているのだから、もう、こころの葛藤は克服できているのではないかと、彼女にたいして、もうすこしで口にしてしまうところでした。

でも、彼女がほんとうに言いたかったのは、その先のことだったのです。

それは、子どもさんのことでした。子どもの物心がついてきたときに、どちらの住所を名乗るかということで、また、自分とおなじような葛藤に直面するのではないかという心配です。

「あなたのお父さんは、同和地区出身で、あなたもだから、地区出身者ていわれる現実があって、でもこうこうで、いま家がある住所はここやと、ね。そしたら、だれかに住所を聞かれたときにその子が、たとえばじっさい住んでいるところの住所を言うことはけっして間違いじゃあないでしょ。でも、その現実がある部分ね、なにかがあって、そこがわかってきたときに、その子がそれ言うたこと、間違いじゃないし、なにもないときは、その子の逃げでもなんでもないんやけど、なんか、そこらへんのとこがでてきたときに、私はもう、ほんと自信がないんです」

たしかに子どもさんにとっては、物心がつくまえから二つの帰属先があることになります。ひとつは、現住所のあるC町。もうひとつは、子ども会や祭りなどの町内活動の母体となっているA町。したがって、「どこの子や？」と人にきかれたときには、幼い子どもにとっては、ふたとおりの答え方が用意されていて、基本的には、そのどちらで答えようともかまわないはずです。ただ、彼女が今から心配しているのは、A町が部落であるということが子どもにおぼろげながらわかってきたときのことです。

そのときでも、現住所のC町を名乗ること自体は、けっして間違いではありません。いや、むしろ、住所を聞かれたときに、あえてA町を名乗るほうが不自然なのかもしれません。両親の側には、子どもが部落の人間であることを隠さなくてもすむように、あえて家を部落内にもつことにきめた経緯があります。

「ここ（部落であるA町）に住んでて、ここを言うっていうことは、現実やし、事実やし、そこを言うんやし、子どもも隠さんでもいいし、隠したというて思われんでもええし。で、そこらへんもあって（部落から外へでることをせずに）ここへ住んだんやけど、たまたま、うちの地先がC町に、そのう、なってたんで……」

ですから、ゆくゆくは子どもに「A町の子や」と胸をはって言ってほしいとの気持ちが強いようです。

でも、人前で「A町の子や」と言うのは、いまだに勇気のいる行為であることに違いありません。したがって問題は、まず、そうした現実があって、子ども心にその現実に気づきはじめたとき、その子にとって、もはやそれまでのように無邪気にはC町を名乗れなくなってしまう、という点にあります。

A町が部落であることを知ることによって、C町を名乗ることは、たんに事実を言っただけとはいえなくなります。おそらく、A町と名乗らなかったことにかんして、あとあとまで、なんともいえない後ろめたさが残るのではないでしょうか。（なぜなら、自分にはそんなつもりはなくとも、結果として、部落の出身であることを隠したことになってしまうわけですから。）

そうした後ろめたい思いのなかで、たとえば、自分のどこかに逃避の気持ちがあったのではなかったか、とか、出自を隠すことによって差別に加担してしまっているのではないか、といった様々な疑念や葛藤が湧きおこるかもしれません。

すなわち、いってみれば、行為の選択（A町とC町とどちらを名乗るか）の瞬間に、子どもたちも、そしてそれを語ってくれた親たちも、つねに、差別をする側と、差別をされる側のはざまに立たされつづけねばならないのです。

これは、みずからのアイデンティティがまだはっきりと自覚されていない小学校や中学校ぐらいの子どもたちにとって、あまりに苛酷で、不条理な経験だとはいえないでしょうか。

ふだん、なかなかはっきりと表現されることのない、子どもたちのこころの揺れ。

この女性のことばは、それを的確にすくいあげていたように思います。

同対事業によって、多くの部落が隣接する諸地域へと広がっていっている現在、すでにこれは、部落に住むかぎられた一握りの人たちだけの体験ではありません。

あるいは、こうも言えるでしょう。

これまでいくつかの手紙でふれてきたように、現代社会に生きる私たちにとっては、このように差別をする側と、差別される側のはざまに立たされるという体験は、それほどめずらしいことではないのではないでしょうか。

第5の手紙 《考え方を組みなおす》
あらたな始まりにむかって

差別とむきあう

これまでの数通の手紙のなかで、試みてきたこと。

それは端的にいえば、被差別部落で、そして現代社会で、差別と向きあって生きるということが、いったいどのような事柄であるかを、いろいろな人たちの具体的なケースにそくしながら見ていくことでした。

最後のこの手紙では、そうした他の人たちのケースではなしに、自分たち自身のことについて考えてみたいのです。

ところで、ながい人生のなかで、私たちがじっさいに差別と向きあうのは、はたしてどんなときでしょうか？

自分が差別されていることに気がついたり、人からあなたは差別をしていると言われたとき、たしかに私たちは差別問題に直面します（または、直面させられます）。

しかし、そうした機会は、そういつもあるわけではありません。かくいう私自身も、もしかすると身近な人にたいして、ながいこと差別的な行為をおこなってきておりながら、(相手の人が抗議をしないために)それにまったく気づいていない、ということだって十分にありうる話です。

ですから、逆説的に聞こえるかもしれませんが、「私は差別なんかしていないし、するはずがない」とか「自分は差別行為とはまったく無縁な人間だ」と思いこんでいる人ほど、往々にして、たとえ差別的な現象を目のまえにしていても、なかなか気づけないものです。いや、それどころか、そういう(「自分が差別をするわけがない」と思いこんでいる)人こそ、きっかけさえあれば、差別をする可能性がきわめて高いといっても過言ではありません。

(差別されている)相手の痛みをわかる人になりなさいといっても、それには限度のあることは、すでにみてきたとおりです。

おそらく、いま、私たちに必要なのは、自分たちがどのように差別に加担しているか(あるいは、加担させられているか)ということに、鋭敏になる(たえず注意をはらっておく)ことではないでしょうか。

とりわけ、この複雑な現代社会にあっては、私たちは、自分自身では差別をしているという自覚をもつことなしに、知らずしらずに差別に加担させられてしまっているという事実(それを、私たちは「構造的差別」と呼んできました)をふまえることなしには、とても正面から差別と向きあうことなどできません。

だからこそ、私たちは聞き取りをつうじて、他者の声に、じっと耳をすませてきたのでした。それらの声は、日夜、差別と向きあって暮らすことのシンドさを伝えてくれるとともに、私たちがどのように差別をしているかという点についても、様々なことを教えてくれます。

被差別部落での聞き取り調査は、私たちにとって、部落に住む人びとの思いを理解するだけでなく、自分自身を差別に向きあわせるという意味においても、きわめて有効な方法なのです。

部落差別は解消しつつある？

「もぅ、部落って、無くなったんじゃあなかったんですか？　いま住んでいるところの近所にも、むかしは部落だったたっていうところはありますけど……」

以前、真顔でこんなふうな質問をしてきた学生をまえにして、私は、ふと、こうした物言いに妙に納得しそうになっている自分自身に気がつきました。それはそのとき、教育の現場で部落問題にかかわっている先生方のご苦労を、一瞬、かいまみたように思ったからです。

私たちはこれまで、教育や啓発の場で部落問題に言及するとき、部落の場所となまえを特定することをできるだけ避けてきました。それは、部落を名指しすることによって、差別を助長することを恐れたからです。

しかも、部落差別を解消させることが大きな国民的な課題になっており、じっさい同対事業や啓発活動によって差別が解消の方向へむかっているという現状認識があるときに、部落の実状をまったく知らない子どもたちをまえにして、先生方が「むかしは部落と呼ばれていたところがあって……」という仕方で切りだして授業をおこなうのも、なるほどひとつのやり方ではあるなぁ、と思ったわけです。

ただ、私自身がどうしても納得がいかないのは、現在、部落差別は解消しつつあるという、まさにそこで前提とされている現状認識にかんしてです。

たしかに、むかしのように露骨な差別（あからさまな蔑視や排除）がおこなわれることは少なくなったかもしれません。

しかしそれを、即、差別の解消（あるいは、差別が解消に向かうきざし）とみなしてほんとうによいのかどうか？　私にはむしろ、ただ、差別のかたち（形態）が変わっただけのようにも思われるのですが……。

というのも、じつは私は、ここ一年ほどのあいだにたてつづけに二件、学生から、部落出身の相手との結婚を親に反対されている、という相談をうけたのです。

一件は、すでに終わった（つまり、結婚を断念した）という内容の告白で、もう一件は、当人のことではなく、友人が親に反対されているがどうしたらいいだろう、という相談でした。

これまでの同和教育がもっている大きな欠陥のひとつが、差別はいけないというタテマエをくりかえすのみで、親に結婚を反対されたときの切り抜け方（処世の知恵）についてはまったく教えてこなかった（教えることができなかった）点にあったこと。この点については、あらためてくりかえしません。

ともかく、このように表だって問題化しないところで自主的に(!)断念されていく結婚がいったいどれだけの数にのぼるのか、私たちには知るすべもありません。

結婚や就職といった人生の節目で、いまだに多くの差別が生じているという事実。こうした点からすれば、「差別は解消されている」というにはほど遠い状況に私たちはいるように思います。

こうした部落差別のかたち(あらわれ方)における変化。それは、つぎのような事態からも、かいま見ることができるのではないでしょうか。

私たちの聞き取りをまとめた本(反差別国際連帯解放研究所しが編『語りのちから』弘文堂、一九九五年)を読んだ学生たちが書いてきた感想のなかにこういうものがありました。

「被差別部落の人が差別を受けているという事実は知っているのに、その人びとの生活というのがまったく見えなかったために、私の頭のなかで、『部落』は自然に『不思議なところ』になっていた。いってみれば、私の住む世界とは、まったくべつの世界である。部落に住む人は『差別される人』で、その生活は想像することができなかった。私がこの本を読んで思ったのは、貧しいけれども生活しているんだということである。このように書くと、『生活していない』と思っていたともとれるが、正直いって、そういう部分があった。しかし、このような考えをもつ人は多いのではないだろうか。部落の人は、差別される人で、なにをしているのかはわからない……」

義務教育で何年にもわたり同和教育をうけてきた学生が、こうした心境を吐露せざるをえない状況をどう考えたらよいでしょうか。

ほんらい、それぞれに異なる生活をいとなんでいた個々の部落を、十把一からげに「部落」という、具体的な生活感を欠いた画一的イメージのなかに押しこめて理解する傾向が、教育や啓発のみならず、あらゆるところで、このところとみに強まっているように思います。

どこにあるかわからない部落……むかし部落と呼ばれていたところ……だれが、どんな生活をしているかはわからない……不思議な場所としての部落。

こんな抽象的な部落イメージにもとづいた差別が、部落差別のあらたな段階(形態)をかたちづくらないという保証はどこにもありません。

「実態的差別」と「心理的差別」？

いま、私は、部落差別のあらたな段階といいました。

その理由は、私が、一九六九(昭和四十四)年における同和対策事業特別措置法の成立はもちろんのこと、同対法をひきついだ一連の特別措置法が失効した現在もまた、近代日本における部落差別のあらたな段階をかたちづくるひとつの画期としてとらえているからです。

このように書くと、これらの対策はその時々にあって、差別の解決ないし解消を第一に考えてなされた政治的対応ではなかったかと、疑問をいだく人もあるでしょう。

しかしながら、これまでの歴史が教えてくれているのは、差別の解消をめざしておこなわれた政治的介入はいずれも、たしかに従来の差別の形態を解体することに役立ちはしたけれども、その一方で、つねに予想もしなかったあらたな差別(の形態)を生みだしてきた、という点でした。

その意味では、一八七一(明治四)年の太政官布告(穢多・非人の身分を廃止するいわゆる「解放令」)が、あらたに「新平民」という身分をつくりだすことによって、そしてまた、穢多・非人身分からそれまでの特権を奪いとることによって、近代における部落差別の基盤を創出するという皮肉な結果をもたらしたことは、もっと注目されてよいでしょう。(もっとも、最近の研究では、「解放令」は、それまでの穢多やかわた身分を明治国家の租税や徴兵の体系に組み入れることを目的としておこなわれたものであって、そもそもはじめから差別の解消を意図して発令されたものではなかったことが明らかにされてきているのですが……)

じっさい、三十年にわたる同和対策事業を総括した地対協(地域改善対策協議会)の報告書(一九九六年三月)においては、つぎのように述べられていました。

「……(これまでの諸事業に)深刻な課題が残されているとともに、現時点でみれば反省すべき点も少なくない。事業の実施に当たって周辺地域との一体性を欠いたり、啓発などのソフト面の取り組みが不十分であったことにより、いわゆる「ねたみ意識」が表面化するなど差別意識の解消に逆行するひずみが指摘されてきた。また、これらの特別対策は、施策の適用上、地区や住民を行政が公的に区別して実施されてきたものであり、それが住民の意識に与える影響等、この手法に内在する問題点も指摘

されている」（傍点引用者）

これは端的にいえば、同和対策事業が、意図せざる結果としてあらたな差別意識（「ねたみ意識」）を生みだしてしまったということです。

同対事業（地域改善対策事業）の進展によって、住宅・居住環境、健康状態、就学状況、就労・就業状況にかんする格差としての「実態的差別」は解消の方向へ向かっているけれども、差別意識は依然として根深く存在しているので、これからは、この「心理的差別」の解消のためにいっそうの教育や啓発活動をすすめていかなければならない、というのがこの報告書の主要な結論のひとつでした。

私のいだいている疑問というのは、じつは、この「実態的差別」と「心理的差別」という認識の仕方自体にかかわるものです。

たとえば、「ねたみ意識」についてみても、事業がおこなわれている周辺に住んでいる住民が「うらやましい」とか「いたれりつくせりだ」と思うのは、むしろごく自然な感情であって、それが即、差別意識だとはいえないことはすでに見てきたとおりです。

そして、その「ねたみ意識」が、部落の住民を排除する方向へはたらくか、あるいはまた、事業のすすめ方や手法にたいする正当な批判を提起する方向へとおもむくかは、基本的には、「ねたみ意識」をもつ人と部落に住む人たちとがどのような関係をとりむすんでいるかによって変わってくると思うのです。

また、「実態的差別」をなくすための政策が、部落住民と近隣住民を「公的に区別する」というかたちで両者のあいだにあらたな関係性（はっきり目にみえる差異や隔たり）をつくりだしたことが、「ねたみ意識」の生ずる直接の原因であったことはあきらかです。ここでも問題は、「ねたみ意識」そのものではなくて、部落住民と近隣住民を隔てる関係性にあることは、強調されてしかるべきです。

このように見てくれば、つぎのように問うてみることも、けっして的外れではないはずです。すなわち、部落差別を認識していくうえで、「実態的差別」とか「心理的差別」という枠組みは、今日的な状況においてどこまで本質的なものなのでしょうか？　むしろ、日々の営みのなかにあって部落に住む人たちと部落外に住む人たちとがとりむすぶきわめて多様であり、かつ複雑な関係性の存在を、そうした概念が反対に、おおい隠してしまうことはなかったでしょうか？

関係的差別という視点

私たちのおこなっている聞き取りの記録をみて、ある小学校の先生が驚きの声をあげたことがありました。

「（調査目的で）よそからきた人がスーッと部落にはいっていって、こういった差別にかかわるプライベートな体験を話してもらえるなんて、私には信じられないことです。いったい、どうしたらそんなことが聞きだせるんですか？　教えてほしいくらいです。私たちもまえまえから、それ（部落の人たちから経験を聞くこと）が必要だということはわかっていたんですけど、まったくきっかけがつかめなくて……」

じつは、こういう話を聞いて心底驚いたのは、私たちの方でした。

学区内に部落があるからには、おそらくその小学校においても、これまで同和教育が熱心におこなわれてきたにちがいありません。

けれども、じっさいに部落に住んでいる人たち（親たちだけではありません）と教師のあいだで、たがいに部落の現状を伝え／伝えられあう関係がつくりあげられていないところで、いったいどのような同和教育が可能でしょうか。

それこそ、そうした同和教育を受けてきた子どもたちが、「部落に住んでいる人たちは、どんな人たちで、どういう生活をしているのか、まったく想像することができません」という感想をもらすのは、なかば必然的な結果だといってもよいでしょう。なぜなら、教える側の当の教師が、部落での生活やそこに暮らす人たちの現状にかんしてリアルなイメージをもてないでいるのですから。

さてそれでは、問題は、いったいどこにあるのでしょうか。

それは、やはり、これまで部落問題にかんする私たちの思考を、じつに長きにわたって拘束しつづけてきた「実態的差別」とか「心理的差別」という認識枠組み自体にあるように思います。

私は、あらゆる差別の本質というのは、実態面における格差とも、また心理面における偏見ともちがって（これらが、状況しだいで差別の要因になりうることは認めますが）、もっと深い人と人との関係性の次元にあるととらえています。

ですから部落差別にかんしても同様に、それが「実態的差別」や「心理的差別」であるまえに、なによりも「関係的な差別」であるという視点をはっきりさせることが重要だというのが私の主張です。

これまでの施策や教育のなかに「関係的差別」という視点が決定的に欠落していたこと。そこに、(1)部落住民と近隣住民を「公的に区別する」ことから生ずる弊害にたいして十分な対応(予防策)がとれなかったことや、また、(2)もっぱら差別意識の解消をめざしてなされる教育や啓発活動のはらんでいる限界性がいまだに克服できずにいることの、主たる原因があるように思います。

それでは、「関係的差別」とは、いったいどのような事柄を意味しているのでしょうか。それを私は、ここで、つぎのように定義したいと思います。

①「関係的差別」とは、私たちがこの社会のなかで取りむすんでいる様々な関係性(そのなかには、近隣・学区・町内・むら内などでのローカルな関係性や、職場・学校・仕事・自治体・法律などにかかわるある種の制度的な関係性や、夫婦・親子・親戚などのプライベートな関係性等々といった多様なものがふくまれる)が原因となってひきおこされる差別のことです。

②「関係的差別」の特徴は、私たちがある種の関係性のなかにおかれると、個々人のなかの偏見や差別意識の有無とは無関係に、差別に加担させられたり、差別をひきおこしてしまうことがある、という点にあります。(逆にいえば、たとえ私たちが差別意識をもっていたとしても、ある種の関係性のなかにあって

は、差別をひきおこすのを未然にふせぐことができる、ということでもあります。）

③したがって、私たちが「関係的差別」に向きあい、また、対応していくためには、自分のおかれた関係性がどのような性格のものであるかを的確に判断するとともに、状況におうじてその関係性のなかで（あるいは、その関係性にたいして）臨機応変なはたらきかけをおこなっていけるような処世の知恵を身につけておくことが、ぜひとも必要だということです。

これまでの手紙が、一貫してこの関係的差別という視点にたってかかれていることは、もはやあらためて説明するまでもないでしょう。

従来の「実態的差別」や「心理的差別」という認識枠組みをもってしては、②や③で言及されている事柄について考察すること自体、たいへん困難であるといわざるをえません。

私たちの聞き取りに驚きの声をあげた小学校の先生も、おそらく、そうした認識枠組み（この場合は、今日の同和教育においては、心理的差別の解消が第一の課題であるとする考え方）にしばられしまっているために、部落に住む人びとと日常的な関係性をとりむすんでいくことが、どれほど同和教育にとって最重要な課題であるかという点に思いをいたすことができなかったのではないでしょうか。

「差別する者であると同時にされる者」としての生の倫理

ただ、誤解のないように申しそえておけば、私はたしかに、部落に住む人びとと部落外に住む人びととの関係性をあらたにつくりあげていくことが大事だと考えています。しかし、だからといって、〈関係性の変革〉によって〈差別のない人と人との関係性〉をつくりだすことができる（あるいは、つくりださなくてはならない）などとはまったく思っていません。

さきに述べた「関係的差別」という考え方から導かれるのは、むしろ、それとは正反対の認識です。「私たちがある種の関係性のなかにおかれると、個々人のなかの偏見や差別意識の有無とは無関係に、差別に加担させられたり、差別をひきおこしてしまうことがある」という表現にもあるように、この社会にいきている以上、私たちは、いつ、なんどき、差別する（あるいは、差別される）側になるか（なっているか）わからないし、そうした状況から自分の意志だけで抜けだすのは本来的に不可能である、というのが「関係的差別」にかんしての基本認識なのです。

そして、「関係的差別」という考え方が、ある種の立場の人たちにとってきわめて衝撃的であるとすれば、それは、従来の同和（人権）教育とまっこうから対立しかねない、つぎのような人間観を背後にたずさえているからです。

その人間観を簡潔に要約すれば、《人間とは差別をする存在である》ということにつきます。

これまで学校教育（や啓発の場）では、もっぱら「差別をしない人」になることが求められてきました。子どもたちには、つねに、作文のなかで、けっして自分は差別をしないという決意表明を書くことが期待されましたし、先生たちも教室のなかではもちろん、そとにあっても、自分は差別なんかしていないし、したこともない、といった態度を堅持しつづけなければなりませんでした。

しかし、そのことが、どれほどの自己欺瞞を、ながいこと教師や子どもたちにたいして強いてきたことでしょうか？

そんな白々しい思いをかかえながら演技することに、教師の側はともかくとして、子どもたちの側では、とうのむかしから嫌気がさしていたように思います。

むしろ、同和（人権）教育にとって必要なのは、（1）現代社会の諸制度（そのなかには、まず第一に、教育制度がはいることはいうまでもありません）や私たちが日常的にとりむすんでいる様々な関係性が、いかに頻繁に差別をひきおこしているかを教えることであり、さらに、（2）そうした制度や関係性のなかにいるかぎり（もしくは、将来、自分がそのなかにはいったときに）は、自分も差別と無縁ではいられないことを自覚させて、（3）そのときに、どのように対応すればよいかを、具体的な状況におうじて自分で判断していける能力を育てることだと思います。

たしかにこれは、従来の同和（人権）教育を、一八〇度転換させることになるかもしれません。

しかし、このように考えることで、肩の荷がおりたように感じられる先生方も、多いのではないでしょうか。（また、じっさいのところ、とくに（3）の部分については、本来の学校教育の範囲を大きく超えるもののように思えます。）

とはいえ、こうした考え方の転換をおこなったからといって、私たちは、けっして以前にくらべて楽になれるわけではありません。

私たちのうち、だれひとりとして、「差別をしない人」としての免罪符を手にできなくなってしまった以上、それぞれが、それぞれの仕方で、自分が差別に加担している現実と向きあいつづけてゆかなければならないからです。

これは、いままでに比べると、いっそう辛いことかもしれません。

でも、思い起こしてみてください。

部落に生まれたにもかかわらず、たまたま、住所が部落外にあったために、物心がついたとたん、部落名を名乗ることによって差別の対象にされてしまう自分と、部落名を名乗らないことによって差別に加担してしまう自分とのはざまに、自分の意志にはかかわりなく、立たされつづけなければならない子どもたちのことを。

そうした子どもたちが、好むと好まざるとにかかわらず、強いられている生き方の核にあるものを、私は、《差別する者であると同時にされる者としての生の倫理》と呼びたいと思います。

そして、そんな生き方のなかにこそ、差別問題や人権問題にたずさわる私たちが、つねに準拠していかなければならない貴重な指針があるように思うのです。

第4部

手紙、その後

第1章　親の戸惑い／子の戸惑い
――特措法後の教育的課題――

1　解放教育のはじまりのなかで

子どもにどう伝えるか？

二〇〇六年の夏。滋賀県の湖南地域でおこなわれた解放研究所しがの公開研究会では、〈親から子に伝えること〉というテーマのもとで、二人の女性が、部落差別の現実に直面しつつこれまで取り組んできたみずからの子育て体験をふりかえりながら、率直に思いの丈を語っていた。

とくに興味をおぼえたのは、お二人が異口同音に、子どもを生み育てていくにあたって、「自分のような部落差別との出会い方だけは、絶対にわが子にはさせたくなかった」と述べていた点である。

お二人が生まれたのは、ちょうど一九五〇年頃。したがって、彼女たちがものごころついた時期（すなわち差別を直感的にでも理解できるようになった時期）というのは、一方では、部落解放のための「国策樹立」をスローガンに掲げた大衆的な運動が、かつてなく大きな盛りあがりをみせていた一九六〇年前後にあたっている。その当時、政治的には、政府によって同和対策審議会が設置され、後の答申につながる施策への検討がはじめられるとともに、教育現場でも、全国同和教育研究協議会（全同教）によって『同和教育』が創刊されたことにも象徴されるように、同和教育への本格的な取り組みがはじめられようとしていた。

しかしそれは、裏返せば、当時の社会的現実が、いわゆる解放教育や人権啓発施策のはるか以前的な段階にとどまっていた、ということなのである。これから以下でおこなう議論（二つの世代の比較）のためには、是非ともこの点を押さえておかなければならない。なぜなら、部落の子どもたちにしてみれば、彼らは、そうした大衆運動の盛りあがりにたいして危機感をいだいた近隣の大人たちやその影響下にある子どもたちの表出する、より先鋭化した差別意識の矢面に、圧倒的に無防備な状態で立たされざるをえなかったからである。

では、その当時、子どもであった彼女たちは、いったいどんなふうに部落差別と出会っていたのだろうか。その点に触れた語りをつぎに引用しよう。

> 私が、部落っていうのに気づかされたのはね、小学校六年生か中学校やったか、友だちがうちの町内にきたときにね、あのぉ、ここにはお嫁には行かはらへん、来はらへんにゃてっていうのを、その友だちから聞かされたんです。

仲の良かった友だちが、どうして自分たちの町内にたいしてそんな発言をしたのか、その点がすごく気になった彼女は、家に戻ってから親にその理由を尋ねてみた。しかし、自分たちの町内がなぜ結婚等で差別されているかについて、両親にはわが子を納得させられるような説明はなにひとつできなかった。部落差別が過去の歴史のなかに根をもっているということを彼女がはじめて知ったのは、それからずっと後の、高校における歴史の授業でのことだった。

もう一人の女性の場合も、部落差別の存在を知らされたのは、つぎのような友だちの言動からだった。

私の育ったところが部落差別を受けているところだと知ったのは、いまから五十年ぐらいまえに、小学校のときなんですけど、そのときどうして知ったかというと、私たちの学校で、自分たちの地域の子どもが、すごくやんちゃでガキ大将みたいな子がいて、みんなから怖がられていたということと。それと、友だちのなかで私のことを『違うみたいやね』っていうね、その一言が、すごく私のなかで(深く残って)。自分のむらって、いいとこじゃない、違うところみたいに言われて、(釈然としない気持ちのなかで)なんか遊んでたっていう(記憶があって)。一番、私が覚えている、部落差別を受けたという、それが最初です。

「(よそとは)違うみたいやね」という友だちの一言にたいする違和感からはじまった気づき。それは、中学になって、自分が「こういう地域のこども」だとはっきりわかってくると、なぜか、しだいに「自分は（ほかの地域の人とは）すごく違う」という思い込みに変わっていった。そして、気がついたときには、その思い込みに深く捕らえられてしまい、そこから容易に脱出できなくなってしまった自分がいた。そんなふうにして、彼女は「自分のことをすごく自己否定する」ようになっていき、中学生にしてすでに、「けっして自分は、部落外の人と結婚することはできないなぁ」とか「就職も、ちゃんと普通に就職できないなぁ」といったふうに、すべてにおいて前向きに考えられない絶望的な精神状態におちいっていたという。その頃をふり返りながら、彼女は、「自分とおなじような生い立ちをするんだから、子どもを産みたくないなぁって（中学校のときに）考えてました」とまで述べている。

そして彼女は、二十代を迎えてから、みずからが「部落差別に翻弄された五年間」と呼ぶ、さらに苦悩に満ちた時期を経験することになる。そこには、ひとつのかけがえのない出会いと、そして辛い別れがあった。そんな別れへと至るまでのいきさつを、彼女はこう語っている。

その人に、部落っていうことを伝えないと、なにか、前にすすまない、そんな思いがすごくあって。部落差別のことについて、なにも学習はなかったんですけれども、そのことがひどくひっかかって。その人に、そのことを伝えることができなかった。なんで、言わんならんのかなぁって、いうことも含めて、自分のなかで、答えがでなかったし。また、それをどう伝えたらいいのかっていうことも、自分のなかでは、なかなか言葉にならなかった……。

恋愛感情を抱いている相手の人に、「部落」について、どう伝えていったらいいのかわからなかったという彼女。その原因のひとつには、彼女が認めているように、たしかに部落差別についての学習がなされていなかった（つまり、親からの説明もなかったし、学校教育でも教えられていなかった）という点があげられよう。このエピソードは、この世代の女性たちにとっては、つぎに見るように、広い意味における解放教育や解放学習との出会いが、いかに彼女たちの人生において大きな意味をもっていたかを、当時を知らない私たちにも十分に想像させて余りあるものがある。

ただ、ここで彼女の発しているもうひとつの問い。すなわち、「なんで、（部落に住んでいることを）言わなあかんのか」というより根本的な問いについては、特措法後の今日的な状況（第４部第２章を参照のこと）にも通底する重要な問題として、十分に留意しておくべきだろう。

部落解放運動との出会い

それはともかくとして、「自分のような部落差別との出会い方だけは、わが子には絶対にさせせたくなかった」という思い、もっと歯に衣を着せずにいうなら、「友だちからとか、大人からとかに、ね、（自分の子どもを）最初に傷つけられたくなかった」といった自身の体験に裏づけられた痛切な思いをかかえていた彼女たちにとって、大きなよりどころとなったのが部落解放運動だったという点については、以下の語りからも端的に読みとることができる。

自分の思いを、ずうーっと言わずに生きてきたので、だんだん、だんだんと、自分の考えが抹殺されていくっていうかね。自分なんか、っていうような思いがあると、私よりあの人の意見の方がってていう形で、いつもいつも後ずさりで、そうしているうちに、自分の考えを持たなくなってしまいます。この人が言うからそうなんかなあっていう、なにか、いつも、私が誰かの後について歩いていたような、っていうのを思い返します。そしてまぁ、子どもが生まれて、自分のような生き方をさせたくないなぁっていうのが、一番の子育ての柱です。そのためには、どう言うのかなぁ、親の背を見て子どもは育つというように、私が育てられたように育てたら、私のような子どもに育つんかなぁと思ったから、私とは違う子どもに育てたかったから。まぁ、子育ての講演会とか、解放教育の全国集会とかにも行って。そのなかで、いろんな部落のお父さんお母さんの叫びというか、子どもを育てるための熱い思いのようなものを聞いて、私のなかに少しずつ少しずつね、差別にたいする怒りが、こぉークックッと、まぁ、闘志が出てきたというのか。で、どんなふうに子どもを育てたら、ほんとに差別に負けないで、差別を乗り越えて、人間らしく、自分らしく、生きていくことができるのかなぁって、すごく考えたんです……

このように、それまでの「後ずさり」の「自分を殺して……いつも誰かのあとについて歩くような」人生と、解放運動との出会いをつうじて獲得した「部落に生まれたことを誇りに思える」そんなあたらしい人生とを対比して、彼女はいみじくもこれまでに自分は「二つの人生」を生きてきたと表現した。こうした言葉のなかには、彼女が、運動をとおしてまったく新しい生き方なり、差別にたいするスタンスを身につけていった様子がよく表されているように思う。

それでは、彼女たちは、みずからの子どもたちにたいして、いったい、どのように「部落」を伝えていったのだろうか。二人は、その伝達のプロセスを、それぞれにこんなふうに語っていた。

やっぱり、もう少し大きくなって、(わかるように)なるまでと思って、待ってたんですが。上が、小学校の三年生かなぁ、四年ぐらいか、もぅ忘れましたけど、ま、とりあえず歴史みたいなものは、娘を前にして、わかるかわからないか、まぁ、わかるように説明しようと努力したんですけれども。まぁ、とりあえず、いま生活しているところは、あのぉ、被差別部落であるっていうことを伝えました。で、その前から、まぁ、講演に連れて行ったりとか、なんかそういう環境のなかで、まぁ、自主活とか文化祭とか、盛んにやってましたので、その辺やらとあわせてね。

母が亡くなってからは、(長女を)二歳頃から連れて、(毎年)地域の解放文化祭の練習に行って。そこで、いつも、「母は闘わん」というのと、「ふるさと」っていうのを、ふるさとを名乗らせたいという、そういう歌があるんですね、その歌をずうーっと歌いつづけてきました。私はなかなか上手には一人で歌えないんですけれども、みんなと一緒に歌ったら歌えるんですけど、子どもの方が上手に歌うんです。そんな形で、子どもたちが自然に……。で、文化祭で、解放劇もやりました。……（長男の場合は）あんまり（部落問題について）しゃべる機会はなかったけど、奨学生の資金を受けますよね、その奨学金基金の友の会みたいのもあるんですけども、そこでも頑張って（活動していました）。あの子も、ずうーっと（自分が）集会所でやってたこと知ってるし。まぁ、部落問題学習ゆうのにも参加してやっているし。大きくなってから、部落問題学習も、子どもたちに語りかけたりしてるし。……ある年ね、みんなに呼びかけてね、それまで集会所にかかわってきた先生をね、呼べる先生方を全員（交流会に）呼んだんです。で、自分たちのこととか、先生たちも入れてね（交流活動をした）。私は、お兄ちゃんは男の子やから、女の子みたいに、ぐちゃぐちゃ、ぐちゃぐちゃ話してないけども、でも、ちゃんとわかってるし……

このようにして二人は、子どもたちに自分たちとはちがった部落問題との出会い方をさせたいという願いを、じっさいに果たすことができた。

それが可能になったのは、まずもって「友だちからとか、大人からとかに、（自分の子どもを）最初に傷つけられたくない」とか「自分から、子どもには、ここが被差別部落だよ、っていうことを伝えたかった」という親としての切実な思いの存在であり、そしてまた、語りにもあらわれている部落解放運動への熱心な参加や地道な自己学習の成果であることは言うまでもない。

ただし、それと同時に、彼女たちのそうした実践を後押ししていた大きな要因として、一九六九年における特措法の施行や、それにともなう各地の部落解放運動の盛りあがりといった、当時の特殊な社会状況があったことについては、是非とも銘記しておかなければならない。

じっさい、「子育て講演会」「解放教育の全国集会」「解放文化祭」「自主活」「部落問題学習」といった解放教育の実践が生みだした様々なイベントや行事が、親からの告知に先立って、すでに「部落差別」の存在を伝えていたり、あるいは、子どもたちが「部落」についてはじめて知ったり「部落」を受容したりするうえで、必要な精神的な下地を築きあげていたことは、つぎのような部分を先の語りのなかからあらためて引用するまでもなく、十分に想像できるところである。

まぁ、とりあえず、いま生活しているところは、あのぉ、被差別部落であるっていうことを伝えました。で、その前から、まぁ、講演に連れて行ったりとか、なんかそういう環境のなかで、まぁ、自主活とか文化祭とか、盛んにやってましたので、その辺やらとあわせてね。

たしかに、差別にたいする取り組みは、それまでに比べると、はるかに推し進められつつあった。しかしながら、彼女たちが子育てをはじめた一九七〇年代の社会は、部落差別にかんする社会啓発という点では、まだまだその端緒がひらかれたばかりのところであった。そのため、彼女たちは、はじめられたばかりの啓発実践に参加するなかで、今更ながら厳しい差別意識の存在を目の当たりにさせられることになる。

つぎの証言は、当初の地区懇談会の様子を、きわめてリアルに伝えているように思われる。

三十二、三年前ぐらいに、私が就職した頃には、なにか、町内別の懇談会とかで、まぁ、一般的なことが行われていまして、で、一、二年した頃から、部落問題にたいする啓発（地区懇談会）がはじまって、講師の人やらを呼んで来ながら、研修をしていくんですけれども。もう、なにか、差別の雨っていうんか、嵐みたいなもので、次からつぎへと、よくもまぁ、みんなが思ってるんやなっと、すごく感じてショックでしたね。で、歴史とかを聞いて、どうして、こんなに簡単なことが、あのぅ、いわれのない差別が、どうしてみんなわかってくれへんにゃろていうのを、すごく思ってました。

ちょっと言うたら泣かはるとか言わはるんや。その、なにか言うてくださいとかいうて、私たちがしゃべるやん。私ら、どうしても涙が出るんや、自分たちの生い立ちやらをしゃべると。泣いたしりから言わはんにゃか。なにか言うたら泣かはんにゃって言わはんにゃ、その場で。涙が、悔しいから出てくるやんか、上手にしゃべれへんし、それもあると思うけど……

このような周囲の厳しい差別意識と対抗しつつ、七〇年代の半ばから八〇年代にかけて展開していった解放教育は、部落に生まれたことを受容できずに悩む子どもたちや、わが子にたいして部落に生まれたことをどのように伝えていくかを悩む母親たちにとって、一定の影響力をもちつつ拠り所を提供していった。

2　解放教育のなかではぐくまれて

「そんなに、気にしていないです」

前節で私たちが耳を傾けてきたのが、一九六九年の特措法成立後における解放教育の揺籃期にその恩恵を受けた世代の体験だったとすれば、この節で私たちがみていこうとしているのは、二〇〇二年に特措法が失効する直前に小学生ないし中学生の時期をすごしていた若者たちの体験である。彼らは、いわば特措法時代に解放教育を受けた最後の世代にあたっている。

彼らが生まれたのは、一九八〇年代後半から九〇年代はじめの頃。はたして、この世代の若者たちは、自分が被差別部落に生まれたことを、どのように受けとめてきたのだろうか。

ただ、そもそも、こうした問いに焦点をおいて質問をする以前の段階で、私には、とても意外に感じられたことがあった。

それは、彼らの多くが、小学校・中学校時代を通じて、解放教育の一環としておこなわれていた自主活の場においてはもとよりのこと、さらには親からさえも、自分たちが部落に生まれたという事実をはっきりと告げられてはこなかった、と述べている点である。

たとえば、たまたま私たちが調査に入る数カ月まえに、自分の生まれた場所が部落であると知ったという高校一年のある生徒は、その事実を認識するにいたった経緯を、つぎに引くように、きわめて淡々と語っていた。

最近、高校生の交流集会（の準備会）で、先生たちがしゃべっているのを聞いているうちに、はじめて知ったんです。……だから、ちっちゃいときから、ここが部落だったたってことは、知らなかったです。家族から、そんな話、ぜんぜん聞いたことがなくって、授業、学校の授業とかで、部落の話してるときには、あーー、部落ってどこー、って感じだったんですよ（笑）。……（その集会に参加したきっかけは）なんか、教育集会所の先生が、こぅ、来てみぃ、て、（十月に）高校交流会があるから、来てみ、て誘われて。それで、ま、なんか行ってみようかな、て思って（準備会に）参加してみて。夏ぐらいから（準備を）はじめて、で、先月（十月）の二十一日がそれ（交流会の本番）だったんですよ。知ったんは、それの準備期間の七月が八月、そこらへんに知ったんです。えっと、うちの住んでる学区は、けっこう範囲が広いんですよ。この近所と、あと、駅の近くぐらいまでが、うちの学区が入ってるんで。向こう（準備会）で、部落が、はいらへんとこと、はいるとこがあるって（先生たちに）言われたときに、ああ、うちんとこはいるんかな、みたいな（気づき方で）……

このような話を聞いていると、部落について知っていく、あるいは気づいていくプロセスが、先の一九五〇年前後に生まれた世代とは、基本的に異なっていることがうかがえる。

まず、大きな違いは、排除の視線や言動を受けるといった被差別体験をつうじて気づかされていくのではなく、あくまでも、解放教育や啓発実践をつうじて、そのなかで気づきが訪れているという点であろう。

この生徒の場合は、教育集会所の先生に誘われて高校生の交流集会に参加したのが、ひとつのきっかけとなっている。そして、教育集会所の先生とのあいだにそのような関係が築きあげられてくるにあたっては、つぎの語りにもあるように、教育集会所での自主活や課外活動といった取り組みが、重要な役割を果たしていたと思われる。

集会所での集まりは、いつも木曜日に、自主活っていうかたちで、学校の先生が来てくれて、うん、小学校の人らが勉強する場とか、活動する場で、ここ（教育集会所）は使わせてもらってたんですけど。小学校んときは、もぅ、みんな、面白そうやな、みたいで来るんですけど、どんどん学年が上がっていくと、来るごとに、もぅ、面倒くさいな、行くのだるいなーっていう声が、どんどん出てきて、そんでもぅ、いまは、あんまりないみたいな、ですよ。で、中学校は、火曜日と木曜日に、一応、集まるのがあって、火曜日の方は、もぅ、全部勉強で、木曜日の方は、勉強と、あと、みんな、遊びとかいろいろ。中学校の方は、もぅ、（来る人が）完全に少ないんで、少ない学年と、多い学年と、結構、差がでている状態です。

もちろん、このように教育集会所での自主活や課外活動に参加する子もいれば、参加しない子もいるだろう。だから、この生徒のケースを、過度に一般化するわけにはいかないのも事実である。こうした教育の場に顔を出さない子どもたちが、部落問題とどのように出会っているのかについても、当然ながら、視野にいれておく必要があるだろう。

それから、もうひとつ興味深い点がある。それは、この教育集会所では、児童や生徒たちに、直接、ここが部落であることを告げてはいない、という点である。

そうした対応が、確固とした教育方針にもとづいてなされたものか、たんに結果的にそうなってしまっているのかはわからないが、いずれにしても、私にはこの点が、案外、重要なように思われるのである。

今回のこの生徒のケースにおいても、先生は、高校生の交流集会にこの生徒を誘うことによって、いわば間接的に、その生徒が部落に住んでいる現実に気づくように促していたといってよいだろう。私たちが、これまでの調査のなかで聞いてきたところでは、地区によっては、一定の年齢になった子どもたちを集会所にあつめて、一斉に、この事実を直接的に伝えていくという実践をしているところもあった。

ひとくちに、どちらの方法が望ましいということはできない。ただ、私は、この事例のような間接的にわからせる方法というのも、部落差別のような問題を伝えるようなときには、かなりの有効性を発揮するのではないかと考えている。

さて、先の世代的な経験の違いというところに戻ろう。この生徒は、交流集会の準備会の場でたまたま知らされた事実について、家に帰ってから、とくに母親や父親と話し合ったりしていないと、つぎのように述べていた。

ああいう集会（の準備が）終わってからも、家に帰ると、もう、みんな寝てることが多いんで、そんな話はしないんです。で、あまり話はせんし、私も、朝はけっこう忙しいんで、そういう話、あんまりできなかったりとか。あと、部落ていう話は、どっかいってるっていうか、話すことが全部重なって、（自分としても）そういう問題について話し合うってことを、すごい、全部忘れてるっていうのが、感じで……

こうした話を聞いている最中に、私のなかには二つの相反する思いが、入りみだれつつ沸きあがってきたものだった。

つまり、まずは、こういう淡々とした受けとめ方って、なかなかいいじゃないか、という感慨に近い思いがあった。じっさい、この生徒は、「ああ、うちんとこ、（部落に）はいるんかな」と気づいた後も、これといってショックを感じたわけでもなく、むしろ「（いまは）まぁ、そんなには、気にしてないです」と語っていた。

このような対応は、おそらく、これまでにとくに差別を受けた体験もなく、また、自身のなかにも差別的な感情や考え方をもっていなかったからこそ、可能になったことなのだろう。

その点で、部落問題を冷静に、そして(良い意味で)軽々と受けとめることりできる、若く新しい世代の出現といってもいいように思われたのだった。これはやはり、四半世紀ちかくに達する解放教育運動における一定の成果といってもよいだろう。

しかし、その一方では、老婆心なのかも知れないが、もしも、身の回りで具体的な差別事件が起こったとき、おなじようにそうした冷静なスタンスのもとで、なんらかの対処をすることができるのだろうかという、一抹の不安をぬぐいさることができなかった。

さらにいえば、間接的に知らせる機会をもうけたことはともかくとしても、そこでその生徒に自覚が生まれたあとのフォローが十分になされていない点を指摘できる。じっさい、その生徒は、それ以来、問題を自分のなかにかかえたままのような状態に見受けられた。

とくに気になるのは、家族、とくに親とのあいだで、研究集会の準備会以降、いまだに住んでいる地区が部落であるという事実をめぐって話し合いがなされていない点である。しかし、もちろんそれは、その生徒だけの問題ではないだろう。

むしろ、なぜ、親の側が、これまでこの生徒にたいしてその事実を告げてこなかったのか、といった点が、新しい問題として浮上してくるようにも思われる。もしも、親の側にも、そうした事実を容易には告げにくい理由があったとすれば、その親の側の戸惑いについても考えておかなければならないだろう。

なぜなら、集会所に来ない生徒の方が多数をしめるようになっている現状にかんがみれば、案外、今後はこうした親の側の対応が重要になってくるようにも思われるからである。
以上の点を念頭におきながら、つぎには、同じ若い世代がいま現在かかえている「部落問題」がどのようものであるかを見ておくことにしたい。

「住所を尋ねられると、ドキッとする」

大学四年生で、就職先もすでに内定しているというその学生は、私たちの聞き取りにたいして、「部落問題」をめぐって日常的に抱かされている困惑について、つぎのように率直に語っていた。

私はいま、近くの居酒屋でバイトしてるんですけど、そういうところで、お客さんから、＊＊ちゃん、どっから来てるの、とかいって聞かれると、ドキッとするんです、やっぱり。で、そのう、いまは、ほとんど差別がないって言われてますけど、もうちょっと上の人となると、そのぅ、町名を聞くことで、あっそうなん、て、その反応を見るのが恐くて、その近くですー、とかいって、こぅ、まぎらわしたりとか、ていうのが多くて。（この地区に住んでる）同い年の友だちとも、それは、あるなーて言って、二人でよく喋ってるんだけど、はい。

こうした「住所が言えない」という悩みは、部落差別においては、いわば古典的な悩みのように受け取られるかも知れない。しかしながら、一見同じ問題に見えたとしても、やはり、かつてとは事情や状況が大きく変わってきていることを考慮する必要がある。

まずは、この学生自身が述べているように、今日では、昔のように住所を明かしただけで、すぐに差別的な烙印を押されるようなことは滅多になくなっている。じっさい、この学生は、「これまで、そういうふうにまわりから、そんな差別的な対応はうけなかったっていうこと？」という私たちの問いかけにたいして、「そうですね、はい。ほんと、(差別を感じたことは)まったくない、やっぱり」と答えていた。

つまり、こちらから部落に住んでいると告げたからといって、今の世のなかにあっては、相手の態度がガラッと変わるとか、こちらにたいする扱いが豹変するとかいうことは、ほとんどありえないといってよい。それだけ、過去に比べれば、はるかに啓発的な知識が社会のなかで共有されるようになっているということである。

そうだとすると、この学生が「ドキッとする」理由は、いったいどこにあるのだろうか。その点については、「で、いまは、(バイト先で)お客さんに(住んでるところを)聞かれたら、たとえば、どういうふうに答えてるんですか」という質問にたいするつぎのような返事が参考になろう。

わたしの家、＊＊中学校が近いので、ま、中学校の近くですとか言って、はい。あんまり、言いたくないというか。言う必要もないと思ったし、言って、そのぅ、顔色を見るのも(笑)、なんか、いやなので……

学生が、こうした説明によって伝えようとしている微妙なニュアンスを、私たちはどこまで正しく理解できるだろうか。これは、もしかすると、住所を告げることによって差別されるとかされないということ以前の問題であるというべきかもしれない。

すなわち、ここで学生が問題にしているのは、まさに、相手の示すほんの一瞬の「反応」なのであって、瞬時に顔に浮かび、またたくまにかき消えてしまう、そうした「顔色の変化」のことなのである。しかも、「顔色を見るっていったときに、変わらない人もいるだろうし、もろ、変える人もいるだろうし、微妙な人もいるだろうし」という私たちの問いかけにたいして、その学生は、「(住所を)言って、別に、そんな(顔色が)変わった人って、いないんですけど」と答えてもいたのであった。

それでは、たんなる疑心暗鬼じゃないか、というふうに突き放してしまうと、ようやく手の届きかけたこの問題の本質を、指のすき間から取り逃がしてしまうことになるだろう。

つまり、こういうことではないだろうか。

住所をありのままに言うことにより、相手にたいして自分が部落に住んでいると告げること。それが、部落差別問題をめぐる今日的状況においては、依然として、告げられた側にとっては、自分自身の部落問題に対するスタンスを厳しく問われる側面をもっていることは否定できない。その意味で、部落問題についての認識が不十分だったり、あるいは、差別的な態度なり考え方を克服できていない人たちにとっては、住所を告げられる行為が、ときとして、一種の「踏み絵」のような効果をもってしまうことがある。

もちろん、それは、告げられた側の問題であって、告げる側になんの責任もないことは言うまでもない。しかしながら、そうした（自分の返答の仕方しだいで、相手にとって「踏み絵」となってしまう）可能性を認識してしまっている以上、告げた側としても、その効果にたいして無自覚ではいられなくなってしまう。

おそらく、「顔色を見るのがいや」という発言は、それによって顔色を変える相手の対応にたいしてというよりは、むしろ、無意識に相手の顔色をうかがいながら「踏み絵」にかんする判定をしようとしてしまっている自分自身の側の反応にこそ、むけられていたのではなかっただろうか。

そう考えてみたときに、はじめて、「言う、必要もないし」という言葉のもっている奥深い意味合いが、十全に理解できるように思うのである。

ここでは、とりあえず、つぎのことを確認しておきたい。

それは、すなわち、私たちがこれまで見てきた四十年ほどの時間を隔てた二つの世代のあいだで、期せずして二つの同一の問いが部落問題をめぐって投げかけられていた、という点にほかならない。

というのも、すでに私たちは、前節で、「なんで、（部落に住んでいることを）言わなあかんのか」という根本的な問いが、先行する世代においても問われていたことを指摘しておいた。その問いと、いま学生の投げかけている問いの相同性は、私見では、きわめて重要なものに違いないのである。

とりあえず以下では、この学生のおかれた社会的状況、とりわけ親子のあいだのコミュニケーションのかたちがどのようなものであるかについて、もう少し詳しく検討を加えておきたい。

世代体験の違いと世代間コミュニケーションの有無について

湖東に位置するこの地区の特色かもしれないが、先の高校生がそうであったように、この学生もまた、教育集会所でおこなわれる自主活などをとおして解放教育のもとで育ってきたにもかかわらず、この地区が部落だと気づいたのは高校生になってからであり、さらに、はっきりそうと認識したのは、大学に入ってからだったという。

それでは、この学生が小学校の頃に参加していた自主活は、当人の目に、どのように映っていたのだろうか。

私たちも、小学生のときは、毎週木曜日とか火曜日とか、「はばたき学級」っていうのがあって、こういう集会所とかで勉強したりとか、それで、学校の先生が来てくれたりしてるのあって、いま思ったらやっぱり、なんか、ほかの地域にはないことをしてたなーって、思います。私は、毎週、学校終わってここに来るのが楽しかったですし、はい、幼なじみっていうか、地域の子が多かったので。で、勉強だけじゃなくて、調理室使って焼きそばとか作ったりとか、そういうことしてたんで、たのしいなぁ、と思って来てたんですけど。

集会所では、とくに子どもたちに自主活がある意味を教えたり、ここが部落であることをあえて伝えることは、されていなかったようだ。少なくとも私たちの質問にたいしては、「そういう記憶はないです」とか「あったのかも知れないです。私が覚えてるかどうかの問題で……」という、あやふやな答えしか返ってこなかった。

それでは、高校の頃に、なんとなくここが部落ではないかとおもいはじめたきっかけは、どのようなものだったのだろうか。

きっかけは、やっぱり、一番大きかったのは、こういう活動をしてて、なんか、あっ、あっ、ていうふうに気づくことが多くて。高校のときも、自覚はしてました、やっぱり、そういう地域に生まれたっていうのは。でも、たぶん、大学に入ってからの方が、気づくことが多かったと思います。たとえば、建物をみるとわかるんです。私たちは、ここにずーっと住んで、育ってきてるので、二戸一っていうのは、あたりまえのものとして見てたので、私は、実際、住んでないですけど、まわりにあるのが普通の環境だったんです。で、＊＊へ行ったら、よく似たものがあるし、で、今年の三月、とかに、奈良の水平社の博物館に行って、やっぱ、あの辺の地域も、二戸一だったり。で、小学校、なんか、ちょっと、うっすら覚えているのが、自分の地域の地図を描いてみよう、みたいなのがあったと思うんですね。で、あたしも(笑)、ほんとに、自分の家のまわりの、地図を描いて、で、二戸一が、普通、あたしのまわりには、たくさん建ってたので、描いた覚えがあるんですね。二戸一っていうのは、だから、二軒の家が、一つになってる家で、っていうふうな説明を、プリントに書いた覚えがあって、いま、思ったら(笑)、うん、他の地域にはないんやなーと、思って。そんな、見てわかる、見てわかるようなことなんですけど、うーん。

この学生の場合も、いろいろな人権啓発関係の活動をつうじて、徐々に気づいていくというプロセスをたどってきたようである。

それと同時に、特筆すべきなのは、上記の二戸一をめぐるエピソードからも明らかなように、彼らの世代は、長年にわたる部落解放運動のなかで獲得されてきた成果が、ものごころついたときから、ごく普通の風景として世界をかたちづくっていた世代だということである。

それは、逆にいえば、彼らの世代は、少なくとも小学校・中学校のあいだは運動の歴史について十分に教えられることなしに、解放運動の成果を、いろいろな形で享受しながら育ってきたことを意味していた。

そのことの善し悪しは、ここで簡単に論評できることではない。ただ、この点が、彼らの世代の社会認識を特徴づける、ひとつの決定的な要因をなしているのはたしかなように思われる。

そして、彼らの世代的経験を特徴づけるもうひとつの要因としては、被差別体験の相対的な少なさがあげられるのではないか。そのことについては、すでに、この学生も述べていたところであるが、父親世代の被差別体験とみずからの体験を比較した、つぎのようなエピソードは、その点を雄弁に物語っているだろう。

お父さんのそういう(被差別)体験ていうか、聞いた、聞き始めたのは、やっぱり、もっと大学とか、高校になってからやったよう気がするんですけど。で、つい最近も、なんか、そういう、お父さんが、子どもの時に、友だちの家に遊びに自転車でいくと、やっぱ、自転車って、その当時、貴重やったから、もぅ、みんな、名前を書くんですよ。なになに町の、だれだれって。だから、それ見て、なんか友だちの家で、入れてもらえなかったとかっていうのを、聞いたことがあって、お父さんのそういう話聞くのって、あんまりないなぁ、と思ったんですよ。ただ、お父さんが、しなかっただけなのかもしれないですし、それは、ちょっと、わたしも、わからないんですけど。なんか、(お父さんが)そういう大人になって、二十歳とか高校生になったときに、青年部っていうのをつくって、で、地域の子どもたちに、今もあるんですけど、キャンプとか、勉強会とかしてたっていうのは、聞いてました……。私は小学校んときに、自分がそういう(部落と呼ばれる)地域に住んでるっていうことが、今ひとつ、わかってなかったと思うんですね。で、普通に、友だちの家とかに遊びに行ってましたし、どっから来てんのとか言われても、たぶん、＊＊町って言って、すぐそこですって言っても、別にそんな特別扱いのようなことは、されなかったですし、うん。私は、そのう、環境が良かったというか、すごく、恵まれてたんかなとか思ったりもしましたけど……

しかし、これらの語りから明らかになるのは、たんに二つの世代体験の違いだけではない。一九七〇年代という部落解放運動の高揚期に青春時代をすごし、そして青年部をつくって解放教育の一翼をになっていた親の世代が、自分の子どもにたいしては、なぜか、部落問題についての直接的な言及をあまりおこなっていないようなのである。

先の高校生が、みずからが部落に住んでいると気がついてからも、親とのあいだにとくに話し合いをもっていなかったのと同じように、この学生の場合も、親とのあいだで、部落問題をめぐる会話はほとんどなされていない。

このことと、前節で見たように部落解放運動の戦後の黎明期に青春時代をすごした親たちが、子どもたちにいかに部落について伝えるかを最優先課題としていたことを鑑みれば、両者のあいだには、子どもへの対応という点で、ある意味で、きわめて大きな開きがあると言わざるをえない。

なぜ、若い世代の親たちの世代は、部落に生まれたことを子どもたちに告げるのに躊躇するのだろうか。

そして、そのことと、「言う必要もないし」「なんで、(部落に住んでいることを)言わなあかんのか」という二つの世代にまたがって発されている問いとは、きわめて密接な関係がありそうである。

おそらくは、こうした問いにはらまれた謎の解明こそ、特措法後の教育的課題の一つにほかならないだろう。

第2章　〈ポスト同対法体制〉の構想に向けて

1　差別現象への関係論的アプローチ

読者のなかには、「〈ポスト同対法体制〉の構想」というこの小論の表現を訝しく思われたむきもあろう。なぜなら、二〇〇二年三月末における特措法の失効により、この社会は好むと好まざるとにかかわらず、すでに〈ポスト同対法体制〉下にあるはずなのだから。

しかしながら、私の見るところ、部落差別問題にたいする今日の私たちの認識や行動は、いまだに「同対法答申」（一九六五年）にはじまり、その後の一連の特措法を根拠として確立された体制（それを、ここでは〈同対法体制〉と呼ぶ）によって深部から拘束されつづけているように思われる。その証拠が、同和行政がらみの数々の不祥事の発生であり、次のような〈同対法体制〉の基本枠組みの存続にほかならない。

〈同対法体制〉とは、同和対策事業等の様々な事業を実施することを通じて、「実態的差別」や「心理的差別」を解消することにより、部落差別の解決をめざそうとする体制であった。そして、この枠組み自体は、特措法の失効後も依然として行政や運動体によって堅持されているようにみえる。

ただ、私自身はこうした基本枠組みにたいして、根本的な疑念をいだいている。なぜなら、部落差別（いや、あらゆる差別現象）は、そもそも「（生活）実態」とか「（人びとの）心理」といった実体的要因に還元できるものではなく、むしろ、社会における様々な制度や構造やネットワーク上における、人びとの布置連関や位置関係といった関係的要因に起因する関係的差別（ないし構造的差別）として捉えられるべきだと考えるからである。そして、「関係的差別」という観点の特徴は、「私たちがある種の関係性のなかに置かれると、個々人のなかの偏見や差別意識の有無とは無関係に、差別に加担させられたり、差別を引き起こしてしまうことがある」（三浦編、二〇〇六、三―四）（三浦、二〇〇九ａ、二五）といった認識に端的に示されているような関係論的な人間観にある。

それと比べてみたとき、〈同対法体制〉とは、本来、関係的なカテゴリーである「部落」や「部落民」を、施策や事業の必要上から法的にも社会的にも実体的カテゴリーとしてとらえようとする体制であったということができる。それでは、「部落」や「部落民」を関係的カテゴリーとしてとらえるとは、どのようなことなのだろうか？　その点について、私はかつて、次のように書いたことがある。

「『部落民』とは、他者からの『部落民』とカテゴリー化する視線を浴びることによって、それになるもの、それにならされるもの、であって、けっして生得的な属性などではない。つまり、社会的文脈との関連で、人は、その時々に、状況次第で（他者からの視線の有無や、みずからの意志との関連において）『部落民』になったり、ならなかったりするだけのことなのだ」［三浦、二〇〇四、二二六］

たとえば、被差別部落での聞き取り調査に携わったばかりのころ、ここは「部落」なのだ、ここに住んでいる人は「部落の人」なのだと、過剰に意識している自分に気づいて戸惑うことがしばしばあった。しかし、こういう感じ方は、今からすれば、学校で同和教育を受けたばかりに部落を特別な目で見るようになってしまったといって、あえて「部落」について学校で教えることを疑問視する人たちの感覚と、そんなに違ってはいなかったように思う。

ただし、私の場合は、その後も継続して部落へ通いつづけ、そこに住む人たちと様々な交渉を重ねることができたので、その過程で、それまでは「部落に住む○○さん」という意識が常に頭のすみっこにへばりついていたのに、あるとき、まったくそんな意識をもたずに、たんに「親しくしている○○さん」として相対している自分がいることに気づいたのだった。関係的カテゴリーというと、なんだかすごく難しそうに思われるかもしれないが、むしろ、私たちが、「部落」に入り、「部落の人たち」と接するなかで身につけてきたこうした日常的感覚にもっともフィットしていたのが、こういう考え方だったのである。

そして、この小論が依拠する関係論的観点からすると、部落差別の本質は、〈同対法体制〉が前提としていた「実態的差別」や「心理的差別」というよりは、後述するように、「『部落』『部落民』にかんする慣習的区分ないし慣習的カテゴリー化にもとづく慣習的差別」として捉えるべきである、というのがここでの私の主張である。

2 「『部落を認知すること』における〈根本的受動性〉をめぐって」

〈同対法体制〉下において、このような関係論的アプローチが有効に機能しなかったのには、はっきりとした理由がある。その点について、私は最近の論文のなかで、飛鳥会事件をはじめとして〈同対法体制〉のなかで発生した諸々の不祥事の原因とからめて、次のように書いている。

「なぜ、行政職員は、一部の住民からもたらされた理不尽な要請を退けることができなかったのか？　私は、その理由の一半は、行政職員が、当該住民を『部落民』として実体化して捉えてしまっていた点にあったと思う。〈同対法体制〉とは、つねに部落に住む人たちに『同和地区住民（部落民）』としての自覚やアイデンティテイを確固として保持することを求めつづける（それの行き着くところが、「地区指定」のための自己申告だった）と同時に、部落外の人たちにたいして『非同和地区住民（非部落民）』としての自覚と、部落差別を解消するための一定の構えを要求するものであった。そして、この論文でみてきたように、同対法イデオロギー（と、それが依拠する〈「部落」「部落民」として〉カテゴライズする力〉）は、両者の関係を固定化してしまい、それぞれの存在を実体化することに寄与してきたのだった」（三浦、二〇〇八、二一八）

引用した論文の表題は、「『部落を認知すること』における〈根本的受動性〉をめぐって」。じつは、このテーマを私にもたらしてくれたのも、他の論文や研究書ではなくて、ここ十年余りにわたる被差別部落での聞き取り調査で出会った人びとであったという点が何にも増して重要に感じられる。そろそろ特措法の失効がスケジュールにのぼりはじめた頃。私たちは、親御さんたちの口から、わが子にたいして部落に生まれたという事実を伝えることの困難さが吐露されるのを、しばしば耳にするようになっていた。じつは、そんな悩みと相対するなかからこのテーマが生まれてきたのだった。この論文で、私は親御さんがそうした困難を覚えるのは十分に理由のあることなのではないかと、次のように書いている。

「(親がわが子に部落に生まれたことを)説明するためには、部落差別がなぜ存在しているかについての説明が必要だが、そもそも今日の研究水準では、まだ十分な解明ができていないのが現状だからである。というよりも、部落差別を『慣習的差別』としてとらえる私たちの観点からは、部落差別を存続させている原因はもはや明瞭なかたちで存在してはいない。だから、その理由を説明することなど、もとから不可能なのである。というのも、『慣習的差別』とは、(そもそも『慣習』というものの定義からして)(1)もはやそれがおこなわれるようになった理由が定かではない、あるいは、(2)たとえかつては理由があったにしても、今日ではそれらを社会に見いだすことはできない、にもかかわらず、これまで継続的に存続してきたという事実のみを根拠にして存立している、そういう差別だからである。にもかかわらず、部落に住む人たちは、そこを部落として認知したり、子どもに部落であることを教えなければならない。この受動性は、きわめて根源的なものではなかろうか」（三浦、二〇〇八、一八）

ここで「今日の研究水準」というのは、たとえば近年、多くの部落史研究者によって、被差別部落の「近世政治起源説」が否定されてきたことをさしている。そして、研究動向としては、「政治起源説」に代わって「文化起源説」がとられるようになっており、その場合は、さらに近世から中世へと議論がさかのぼる傾向にある。ただ、私としては、むしろ、「近代社会起源説」に傾いており、明治期における賤民解放令の発布や、「特殊部落」「特種部落」カテゴリーの形成、屠畜業の誕生といった事態の複雑な絡まりあいのなかで、「慣習」としての部落差別が生成されてきたプロセスの解明が必要だと考えている（この点にかんする前提的議論としては、三浦編（二〇〇八）、三浦（二〇〇九b）も参照のこと）。

それはともかくとして、今日、これまで親に代わって部落問題を子どもたちに伝えるうえで重要な役割を果たしていた学校での同和教育や教育集会所での自主活が、特措法の失効とともに縮小の方向に向かいつつある現在、親の抱くこうした悩みを受けとめていくことがますます必要になってきているように思われる。

3　〈(「部落」「部落民」として)カテゴライズする力〉の彼方へ

では、近代以降、身分的にはもはや日本社会に存在するはずのない「部落民」が、なぜ、実体としてあたかも存在するかのように私たちは表象して(させられて)しまっているのだろうか。その点について、私は先の、江戸末期から明治期に生じた複雑な社会変動が決定的だったのではないかと考えるが、それと同時に、〈同対法体制〉が生みだした意図せざる結果も無視できないと思う。繰り返しになるが、〈同対法体制〉とは、本来関係的カテゴリーである「部落」や「部落民」を、施策や事業の必要上から法的にも社会的にも実体的カテゴリーとしてとらえようとする体制であったのであり、そうした矛盾が、たとえば、三十年にわたる特別施策を総括した地対協(地域改善対策協議会)の報告書(一九九六年三月)で、「これらの特別施策は、施策の適用上、地区や住民を行政が公的に区別して実施されてきたものであり、それが住民の意識に与える影響等、この手法に内在する問題点も指摘されている」と述べられていることにも直接関係していよう。

しかも、それは行政だけの問題ではなかった。私たち研究者も、その用法が対象を実体化しかねないことを承知しながらも、「部落」や「部落民」というカテゴリーを、調査研究を遂行するさいの必要上から使ってきたのだった。それにたいする抵抗が、様々な調査拒否の形をとって表れていたのだが……。ともかく、ある地区や人を「部落」や「部落民」としてカテゴライズして、他の地域や人から「公的に区別する」ことが、〈同対法体制〉下においては、まさに「施策の適用上」不可欠なことだった。そのような「区別」に正当性をあたえる存在を、私は「（「部落」「部落民」として）カテゴライズする力（＝第三の主体）」と表現したのだった。

重要なのは、特別施策の実施にたいして現実的に大きく貢献したこの力が、状況次第では、〈差別する力〉そのものである慣習的カテゴリーとのあいだにある種の共犯関係を築いてしまうことが往々にして見受けられたことである。その実例が、同和行政をめぐる不正事件であった。しかしながら、私たちの関係論的アプローチによるなら、「たとえ同一の人物であったとしても、その人が、行政にたいして同対法の枠内で要求を出してくるかぎりにおいては『部落民（正確には、同和地区住民）』であるけれども、今回の不正事件のように同対法の枠を逸脱した要求をごり押ししてくるような場合、その人はもはや『部落民（同和地区住民）』ではないし、そのようにみなさねばならぬいわれなどどこにもありはしないのだ」（三浦、二〇〇八、二一九）。あらたな〈ポスト同対法体制〉を構想するうえで、私たちそれぞれが、日常的に様々な（教育的・啓発的・社交的等々の）場面で、「部落」「部落民」を関係的カテゴリーとして把握するレッスンをみずからに課すことが必要だろう。それによって、私たちがみずからを、〈（「部落」「部落民」として）カテゴライズする力〉の彼方に解放するためのひとつの道が開かれるのではなかろうか。

〈参考文献〉

三浦耕吉郎　二〇〇四「カテゴリー化の罠　社会学的〈対話〉の場所へ」好井裕明・三浦耕吉郎編『社会学的フィールドワーク』世界思想社。
三浦耕吉郎編　二〇〇六『構造的差別のソシオグラフィ　社会を書く／差別を解く』世界思想社。
三浦耕吉郎編　二〇〇八『屠場　みる・きく・たべる・かく　食肉センターで働く人びと』晃洋書房。
三浦耕吉郎　二〇〇八「『部落を認知すること』における〈根本的受動性〉をめぐって　慣習的差別、もしくは〈カテゴライズする力〉の彼方」『解放社会学研究』第二〇号。
三浦耕吉郎　二〇〇九ａ「エッジを歩く　手紙形式による差別論講義」『関西学院大学　人権研究』第一三号。
三浦耕吉郎　二〇〇九ｂ『環境と差別のクリティーク　屠場・「不法占拠」・部落差別』新曜社。

初出一覧

『被差別部落への5通の手紙』反差別国際連帯解放研究所しが、一九九七年
第1部　第1～5の手紙

「アイデンティティ以前　『被差別部落への5通の手紙』補遺」『解放研究しが』第一一号、二〇〇一年
第2部　第1の手紙
第3部　第3・4の手紙

「人と人を結ぶ太鼓――私のフィールドノートから」『関西学院大学　人権研究』第五号、二〇〇一年
第2部　第2の手紙

「調査を断られるとき　『被差別部落への5通の手紙』補遺(2)」『解放研究しが』第一二号、二〇〇二年
第2部　第3・4の手紙
第3部　第2の手紙

『構造的差別のソシオグラフィ　社会を書く／差別を解く』世界思想社、二〇〇六年
第2部　第5の手紙
第3部　第1の手紙

『環境と差別のクリティーク　屠場・「不法占拠」・部落差別』新曜社、二〇〇九年
　第1部　第1・3・5の手紙
「エッジを歩く　手紙形式による差別論講義」『関西学院大学　人権研究』第一三号、二〇〇九年
　第3部　第2・4・5の手紙
「親の戸惑い／子の戸惑い――特措法後の教育的課題」『解放研究しが』第一九号、二〇〇九年
　第4部　第1章
「〈ポスト同対法体制〉の構想に向けて」『部落解放』六一六号、二〇〇九年
　第4部　第2章

《著者紹介》
三浦 耕吉郎（みうら こうきちろう）
現　職　関西学院大学社会学部教授
専　門　社会学，生活史，差別問題，質的調査法
主　著　『環境と差別のクリティーク　屠場・「不法占拠」・部落差別』（新曜社，2009年）
『屠場　みる・きく・たべる・かく　食肉センターで働く人びと』（編著，晃洋書房，2008年）
『構造的差別のソシオグラフィ　社会を書く／差別を解く』（編著，世界思想社，2006年）
『新社会学研究』（共編著，新曜社，2016年より毎年刊行）
『社会学的フィールドワーク』（共編著，世界思想社，2004年）

エッジを歩く　手紙による差別論

2017年10月30日　初版第1刷発行

＊定価はカバーに
表示してあります

著者の了
解により
検印省略

著　者　三　浦　耕吉郎©
発行者　川　東　義　武
印刷者　西　井　幾　雄

発行所　株式会社　晃　洋　書　房
〒615-0026　京都市右京区西院北矢掛町7番地
電話　075(312)0788番(代)
振替口座　01040-6-32280

ISBN978-4-7710-2936-1　印刷・製本　㈱NPCコーポレーション